职业教育汽车创新数字交互教材

汽车文化

赵宇衡　王伟春　张培琦

编著

上海科学技术出版社

内 容 提 要

本书是为配合上海市交通学校数字教学资源建设、开发而成的专业基础课的纸质&数字交互创新教材，是上海市标志性品牌专业建设成果。

汽车文化课程是汽车类专业的基础课程之一。本书作为该课程的配套开发教材，共包括9个项目：汽车发展概况；汽车发展简史；国内外主要汽车公司及其创始人；汽车商标文化；汽车外形与色彩；汽车娱乐；汽车趣闻；未来汽车；汽车安全驾驶及考证。书后附录给出本书配套数字交互资源使用说明。教材利用数字化资源与理论的完美配套，把汽车的诞生、发展与未来巧妙结合起来，使学生在愉快的氛围中领略、掌握"汽车文化"。

本书适用于中高职汽车类专业的学生，以及对汽车感兴趣的人士，并为他们进一步了解汽车打下基础。

图书在版编目（CIP）数据

汽车文化 / 赵宇衡，王伟春，张培琦编著. —上海：上海科学技术出版社，2017.4（2019.7重印）
职业教育汽车创新数字交互教材
ISBN 978-7-5478-3434-3

Ⅰ.①汽… Ⅱ.①赵… ②王… ③张… Ⅲ.①汽车—文化—中等专业学校—教材 Ⅳ.①U46-05

中国版本图书馆CIP数据核字（2017）第012861号

汽车文化

赵宇衡　王伟春　张培琦　编著

上海世纪出版股份有限公司
上 海 科 学 技 术 出 版 社　出版
（上海钦州南路71号　邮政编码200235）
上海世纪出版股份有限公司发行中心发行
200001　上海福建中路193号　www.ewen.co
苏州望电印刷有限公司印刷
开本 787×1092　1/16　印张 10
字数 230千字
2017年4月第1版　2019年7月第2次印刷
ISBN 978-7-5478-3434-3/U·44
定价：46.00元

前言

自第一辆三轮汽车诞生到现在已经有130多年的历史，在这段历史中围绕汽车出现了许多“汽车人”，他们把毕生的精力奉献给了汽车事业，并且这段历史给人类积聚了大量的物质财富和精神财富。

汽车文化课程是汽车类专业的基础课程之一，本书作为该课程的配套开发教材，以科学发展观为指导，以服务为宗旨，以就业为导向，以能力为本位，以岗位需求为依据，适应优化布局，把汽车的萌芽、诞生、演变、壮大、现状和未来结合在一起，形成一条有序链条，使学生沿着这条链条掌握与汽车有关的文化，开阔视野，增强学习相关专业课的兴趣。

本书是为配合上海市交通学校数字教学资源建设、开发而成的专业基础课的纸质&数字交互创新教材，是上海市标志性品牌专业建设成果。教材特点如下：

1. 创新教与学模式

促进技术与内容资源的结合、应用，广泛、高效地促进学校教学、学科以及专业建设，从根本上强化教与学互动、提升学生学习兴趣。

2. 做学一体

任务引领，培养学生的综合职业能力；汽车理论与社会实践发展相结合，实现理论与实践一体化教学。

3. 寓教于乐

数字交互播放相关视频，汽车发展动态等数字资料彰显汽车文化魅力，极大地提高了学生自主学习的能力。

本教材具体参与人员如下：朱建柳、杨杰担任项目统筹；杨杰、赵宇衡负责统稿定稿；赵宇衡编写项目一～项目七，王伟春编写项目八，张培琦编写项目九。

限于水平，本教材在创新性体验方面可能存在不足之处，望各位专家、同行和读者批评指正，以利改进、提升。

编　者

目　录

1

项目一　汽车发展概况

项目概述

从汽车诞生到现在已经有100多年的历史了，在这段时间内，汽车对人类所起的作用不再仅仅是可以以车代步、减轻出行负担，更多的是舒适、惬意的享受，身份、经济地位的象征，带给人类更多的经济效益，促进了社会的巨大进步。通过下面的学习将会了解汽车在社会中的地位和作用。

任务一　当今汽车发展基本状况

学习目标

（1）了解世界汽车发展状况。
（2）了解世界汽车发展趋势。

任务导入

经过几十年的演变，世界汽车工业已基本形成了所谓的"6+3"竞争格局："6"即六大汽车集团——通用、福特、戴姆勒-克莱斯勒、丰田、大众、雷诺-日产，上述六大汽车集团的年产量基本上都在400万辆以上，其产量已占世界汽车产量的80%以上；"3"即另外三家有特色的相对独立的汽车公司——本田、宝马、标致-雪铁龙，这三家汽车公司的年产量都在100万辆以上。

上述“6+3”格局，基本可以代表当今世界整个汽车工业，因为这些企业的汽车产量之和已占到全世界汽车总产量的95%以上，其中德国的汽车公司占了三分之一。

一、全球汽车行业发展概况

随着经济发展、社会进步和技术革新，汽车行业逐渐成为资金密集型和技术密集型的现代化产业。目前世界汽车行业主要具备以下特点：

1. 全球一体化

当今社会，全球经济一体化的趋势已经越来越明显，作为世界经济的主要产业之一，汽车行业的国际化特质尤为突出，生产企业需要根据全球汽车发展流行趋势，结合国情，从生产制造、产品设计、市场拓展、资本合作、技术开发等各方面出发，制定公司的发展战略和经营计划。

2. 以市场为主导

目前，汽车消费市场是影响汽车行业发展的主要因素，汽车生产企业大多以市场为主导，根据市场需求的规模与特点，进一步落实生产、设计、配套、技术等环节，从而最终在生产能力、产品设计、技术水平等方面更好地满足目标市场需求。

3. 少数大型厂商占领主要市场份额

经过100多年的发展，世界汽车行业已经进入平稳发展时期，逐渐形成了寡头垄断的局面。目前，世界前15家主要汽车厂商的市场份额在95%以上，主要包括美国的通用和福特公司，德国的大众、宝马和奔驰公司，法国的标致–雪铁龙和雷诺公司，意大利的菲亚特公司，日本的丰田和日产公司，韩国的现代公司等。这种寡头垄断局面是长期市场竞争的结果，也进一步说明全球汽车行业已经进入成熟阶段。

4. 生产、销售重心转移至亚洲

近几十年来，亚洲地区经济一直保持着高速发展；另外，该地区人口众多、每千人汽车保有量较低，因此对国际汽车行业而言，亚洲市场潜力巨大，汽车厂商都非常重视亚洲市场，一些跨国企业如通用、福特、大众等，都在亚洲投资建厂，以扩大其在亚洲地区的市场份额。亚洲本土国家如日本、韩国和中国等，也将汽车行业确定为本国经济的支柱产业，在大力发展本国的汽车行业。

因此，亚洲地区将是未来汽车行业发展的主要区域。

二、全球汽车行业竞争格局及发展趋势

1. 发达地区保有量高、增速低；发展中地区保有量低、增速高

欧洲、美国和日本的汽车工业发展较早，区域内的人均汽车保有量较高（图1–1），因此这些地区的汽车消费需求中，首次购车的比例较低，主要以更新、更换车辆为主，汽车消

费市场的饱和度较高，且非常稳定。亚洲–太平洋地区人口众多，除日本和韩国以外，大多数国家属于发展中国家，人均汽车保有量较低，因此，汽车消费市场的发展空间很大。

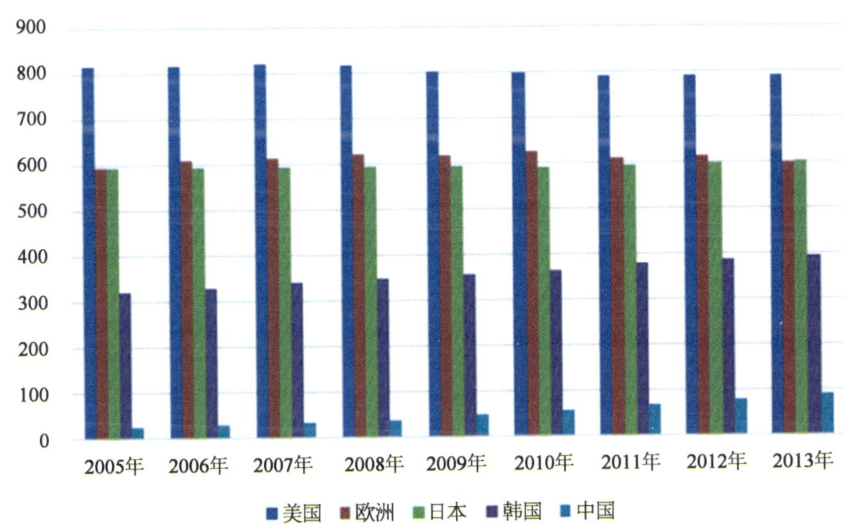

图1–1　2005—2013年美国、欧洲、日本、韩国和中国的千人汽车保有量比较（单位：辆）（AR）

注：上图中的欧洲主要指欧盟高收入国家

2008年金融危机以后，全球经济陷于低迷。在欧洲、美国和日本等发达国家和地区，由于就业率和收入水平的下降，消费者放缓了汽车的更新换代，使得上述地区的汽车销量受到了较大影响；而在以中国为代表的亚洲发展中国家，其经济发展带动了居民消费水平的提高，汽车消费需求持续增加，汽车销量和每千人汽车保有量的增速明显高于欧洲、美国和日本等发达国家和地区，具体趋势如图1–2所示。

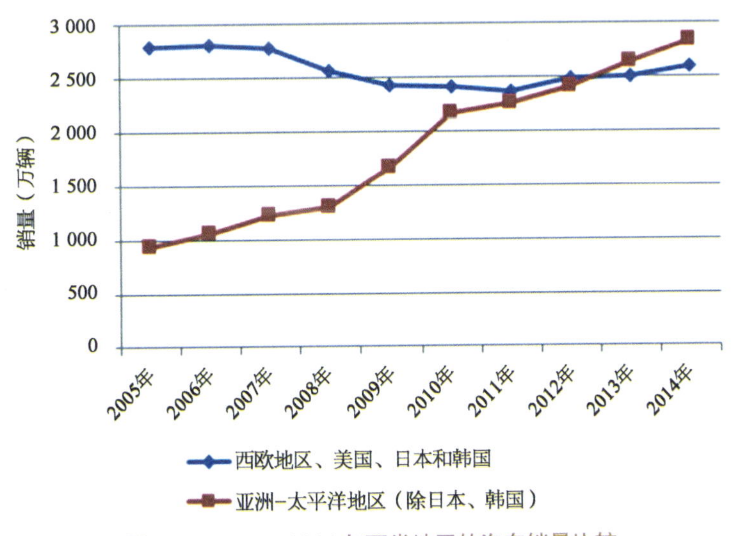

图1–2　2005—2014年两类地区的汽车销量比较

2. 汽车制造基地东移

欧洲是汽车的诞生地；美国是汽车工业化生产的发源地；日本在20世纪60年代后逐渐赶超美国，成为世界汽车工业大国之一。目前，日本、美国和欧洲是全球汽车工业的“三强”，且三者的市场份额较为接近（图1–3）。

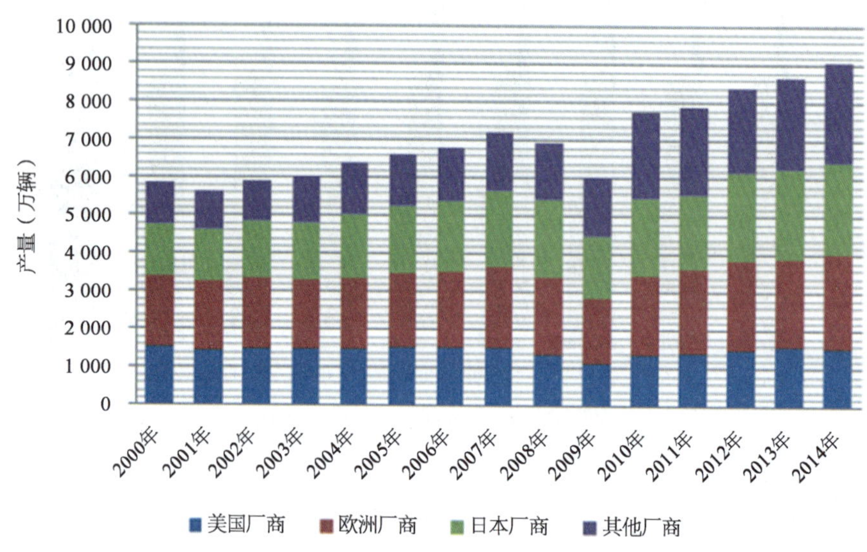

图1–3　2000—2014年全球前15大汽车厂商中欧、美、日厂商的比较

注：上图中，美国厂商包括通用、福特；欧洲厂商包括大众、标致–雪铁龙、雷诺、菲亚特、克莱斯勒、宝马、戴姆勒；日本厂商包括丰田、马自达、日产、本田、铃木；其他厂商包括韩国现代，以及排名在15名以外的所有汽车厂商（包括欧、美、日地区的厂商）

随着亚洲经济的发展，亚洲特别是中国的汽车需求增长迅速，不论是汽车的生产还是销售，国际汽车行业的发展重点都在向亚洲转移，全球主要的汽车厂商纷纷通过独资或合资的方式在亚洲地区投资建厂，扩大在亚洲地区的汽车产能，以满足亚洲的汽车消费需求，抢占市场，近10年来亚洲地区的汽车产量增速远超欧洲及北美地区。受2008年经济危机的影响，欧洲、北美的汽车消费需求下降，欧洲、美国的汽车厂商受到较大影响，一些老牌欧美汽车厂商被迫关停部分生产线，出售旗下的汽车品牌甚至陷入破产危机。而日本、韩国及其他亚洲本土汽车厂商，依靠广阔的亚洲市场，受影响较小。从图1–4可以看出，近10年以来亚太地区的汽车产量增速一直高于欧洲和北美地区，两类地区的汽车产量在金融危机前后的表现也不同，发展中地区的汽车产量受危机的影响较小，复苏也更快。

在20世纪90年代，世界汽车产业经历了近10年的持续增长。进入21世纪后，全球汽车产业的增长速度开始趋缓。由于亚洲汽车市场的全面扩容，加上中国汽车业的蓬勃兴起，亚洲正在形成与北美、欧洲鼎足的汽车市场。在经济全球化和技术进步不断加快的背景下，当前世界汽车产业呈现出一系列不同于以往的发展特点。汽车产业仍有发展空间，依然是世界经济发展的主导产业。

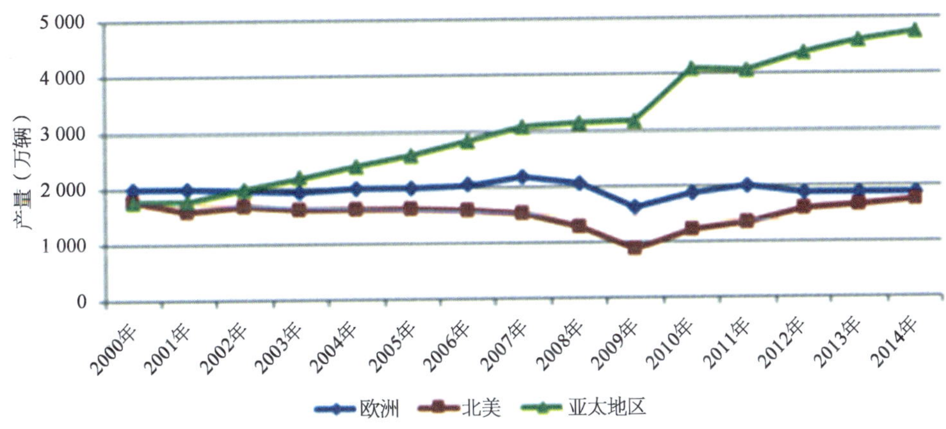

图1-4　2000—2014年欧洲、北美和亚太地区的汽车产量变动情况

任务二　汽车在国民经济中的地位和作用

（1）了解汽车行业在国民经济中的地位。

（2）掌握汽车行业对社会所起的作用。

任务导入

据统计，世界上50家最大的公司中，汽车公司就占了近20%，其他企业也大都是与汽车工业相关的石化企业和机械企业。另外，不管是在美国、日本、德国、法国和瑞典等发达国家，还是在多数汽车工业的后起发展国家如韩国、巴西和西班牙，汽车公司往往是这些国家中最大的企业，汽车工业产值一般都占到其国民经济总产值的10% ~ 15%。可以毫不夸张地说，汽车工业是现代经济增长当之无愧的主导产业和支柱产业之一。那么，汽车工业为什么会有如此魔力，能在短短的时间内造就出这么多的大企业，创造出巨大的财富基础？

一、中国已经成为名副其实的世界汽车制造大国

从产业规模看，2015年中国汽车产销分别为2 450.3万辆和2 459.8万辆，同比增长

3.3%和4.7%，自2013年以来连续3年超过2 000万辆，连续7年稳居世界第一。中国在全球汽车制造业的市场份额已从2000年的3.5%提高到28.0%，是名副其实的世界汽车制造大国。随着产业规模的高速增长，中国汽车产业的国际地位有了实质性提升，成为世界汽车工业的重要组成部分，并从根本上改变了世界汽车产业的格局，为中国成长为世界汽车制造强国奠定了基础。

在各细分市场，2015年中国共生产乘用车2 107.9万辆，同比增长5.8%，占全球乘用车总产量的31.6%。2005—2015年，中国乘用车产量以年均19.2%的增速持续提高，自2009年超越日本后，已连续7年位居榜首。2015年中国商用车生产342.4万辆，同比下降10.0%，占全球商用车总产量的16.3%。其中，轻型载货车产量占全球轻型载货车总产量的比例由2007年的8.6%提升到11.8%。受统计口径影响，中国轻型载货车的产量低于美国，居于全球第二位；中重型载货车产量占全球中重型载货车总产量的比例从2001年的8.7%上升到2015年的30.6%。2005—2015年间，中国中重型载货车产量的年均增速为8.5%，2007年超过日本后，已连续9年独占鳌头；客车产量占全球客车总产量的比例由2013年的60.6%上升到2015年的62.2%。2003年以来中国客车产量一直居世界首位，且自2005年以来年均增速达到8.5%，中国成为世界客车的主要生产大国。

二、汽车产业已成为经济主导产业

汽车工业产业链长、覆盖面广、上下游关联产业众多，在中国国民经济建设中发挥着十分重要的作用。随着中国汽车产业持续快速发展，汽车产业在国民经济中的重要地位也在不断加强，并成为支撑和拉动中国经济持续快速增长的主导产业之一。汽车工业增加值在全国GDP（国内生产总值）中所占比例由1996年的0.85%上升至2014年的1.44%，年均增速达1.34%。

同时，中国汽车工业的蓬勃发展也显著拉动了上下游关联产业发展。国家信息中心分析认为，汽车产业（包括零部件企业在内）和相关产业的就业比例关系是1∶7，即汽车产业每增加1个就业岗位，就会带动相关产业增加7个就业岗位。从汽车工业链来看，其涉及诸多行业，往往带动100多个产业的发展。国务院发展研究中心对2005年我国62个部门的投入产出流量表进行了分析，结果显示，汽车制造业每增值1元，就可带动上下游关联产业增值2.64元。鉴于汽车对上游钢铁、石化、橡胶、玻璃、电子和下游金融、保险、维修、旅游、租赁、旅馆等产业的拉动作用，2014年中国汽车工业对国民经济的综合贡献度在5%以上。随着汽车工业规模与产品技术的不断发展、汽车工业链条的不断完善，汽车工业对上下游关联产业的拉动效会更为显著。

三、中国的“一带一路”助推中国汽车“走出去”

2015年3月，经国务院授权，国家发展改革委、外交部、商务部联合发布了《推动共建丝绸之路经济带和21世纪海上丝绸之路的愿景与行动》。至此，由我国2013年提出设想，经亚投行一再扩大成员和博鳌亚洲论坛召开的双重催化作用下，“一带一路”倡议从顶层设计走向逐步落实。

“一带一路”倡议的实施以及各省市的布局夯实了中国与沿线60多个国家和地区开展经贸往来的基础，为中国汽车业“走出去”提供了从政策背景、贸易环境到资金、文化等各方面的支持，也给中国汽车业带来了多重发展机遇。

如同中国经济进入新常态一般，中国汽车业发展增速进入换挡期，结构调整进入阵痛期，客观上也存在产能的结构性过剩问题，而中国已成为汽车生产大国，但出口量小，品牌弱。因而，正需要有“一带一路”这样一个平台化解正在不断凸显的国内产能过剩危机，以实现“多赢”。

中国汽车工业协会数据显示，2015年，“一带一路”涉及的中亚、东南亚、西非、东欧、中东等区域，其汽车总销量与我国汽车年销量不相上下。随着经济合作深入，这将给中国品牌提供更大的发挥空间。

四、“互联网+”战略催生汽车技术升级

互联网汽车在改善人与车交流方式的同时，将会向车与车、车与路、车与基础设施的交流方向迈进。人、车、路和基础设施的四维交互成为趋势，这也将为无人驾驶技术的完善打下基础。随着IT企业的加速跨界融合，以及传统车企的加速转型，互联网汽车将成为引领汽车行业发展的新趋势，互联网对汽车行业带来的变革影响已从营销、渠道、运营、产品四个维度全面展开，“互联网汽车”“互联网汽配城”“互联网维修店”“互联网4S店”“互联网车险”等创新形式已全面铺开。

可以预见的是，未来还将有更多的互联网企业或“传统汽车制造商+互联网”的组合体进入这一充满机遇与创新的领域，相关的汽车电子、通信技术、软件服务等领域也将得到更大的发展空间。

任务实施

利用学校多媒体教室，分组查找资料，了解世界汽车发展动态，分析近年来各个大型汽车公司某一车型汽车生产以及销售状况，利用已经掌握的数学知识预测下一年汽车产销量。

（　　　）汽车公司（　　　）车型生产与销售状况表

年　份	2012	2013	2014	2015	2016	2017（预测）
生　产						
销　售						

练一练

一、填空题

1. 2009年，在全世界爆发金融危机的情况下，__________汽车产销量居世界第一位。
2. 世界汽车强国有__________、__________、__________等。
3. 世界汽车工业已基本形成了所谓"6+3"的竞争格局："6"即六大汽车集团——__________、__________、__________、__________、__________、__________；"3"即另外三家有特色的相对独立的汽车公司——__________、__________、__________。
4. 目前世界汽车行业主要具备以下特点：__________、__________、__________。
5. 全球汽车行业竞争格局及发展趋势是：__________、__________。

二、判断题（对的打√，错的打×）

1. 在全球化的经济带动下，各个国家的汽车发展是均衡的。（　　）
2. 汽车工业的发展可以带动其他行业的发展。（　　）
3. 汽车的生产必须以市场为主导，根据市场的需求与特点来生产。（　　）
4. 汽车行业的发展在经济全球化的今天仍然存在着寡头垄断现象。（　　）
5. 亚太地区汽车消费市场存在很大的上升空间。（　　）
6. 随着产业规模的高速增长，中国汽车产业的国际地位有了实质性提升，成为世界汽车工业的重要组成部分。（　　）
7. 自2009年至今，中国汽车产销量连续8年居世界第一位。（　　）
8. 互联网汽车在改善人与车交流方式的同时，将会向车与车、车与路、车与基础设施的交流方向迈进。（　　）

三、简答题

1. 简述汽车行业对我国经济发展的作用。

2. 查找资料，了解我国上汽集团2016年哪种车型最受欢迎。

3. 试分析汽车给人类带来的负面影响有哪些。

2

项目二 汽车发展简史

项目概述

任何事物的诞生都有一个过程，汽车的诞生也是一样。汽车是人类生存欲望的展示，是先辈们才华的展现，是人类智慧的结晶。汽车的使命也从开始发明时的仅仅为人类以车代步，发展到现在的主人身份的象征、厂家研发能力的展示、国家科技发展的代言。本项目我们就一起来看看汽车的发展。

任务一 车的由来

学习目标

（1）了解汽车诞生之前人类的交通工具。

（2）掌握轮子出现的重要性。

（3）掌握记里鼓车、指南车的功能作用。

任务导入

“轿子”之名，据说最早始于宋。中国古时轿分官轿和民轿两种。官轿是皇家、官员的主要交通工具，由于坐轿者身份不同，所乘的轿子也不同。除皇帝的轿子外，不同品级的官员则坐不同的轿子。官轿出府，常有随从在前鸣锣开道，四周还有侍卫人员，前呼后拥，展示官威，百姓见之，必须肃静、回避。所用轿夫也分等级，官员品级越高，抬轿的人越多（图2–1）。一般七品官多为四抬，五品以上的官员可乘八抬，皇帝出宫时是十六抬，自然是最高的规格。

除去官轿，还有民轿，高贵人家多备有轿子，有两抬的和四抬的。而平民百姓出行只能步行。

图2–1 轿子

知识准备

一、车轮的出现

古人运送物品，最初主要靠背负肩扛或手提臂抱。进而采用绳拽法，将绳子系在物品上用人力拉拽。但这种运输方法，物体着地面积大。为了减小摩擦，后来利用树枝为架，两叉之间绑以横木，横木不触底，其上载物，即所谓橇载法。

后来，人们终于发现把一块木板放在两根滚动的圆木上，这样运送东西不仅运得多、运得快而且特别稳当，进而发明了把圆木垫放在木橇之下，借其滚动而移动木橇。这种圆木与木的结合，可以说是车的雏形，装在木橇下的圆木可以视为一对装在车轴上的最原始的特殊形式的“车轮”，其车轴的直径恰好等于车轮的直径，而且两者是一个整体。这种“车轮”的出现，是人类在最初阶段对轮子的利用。慢慢地，真正的车轮出现了（图2–2）。

图2–2 古代的车轮

在人类文明发展史上，什么可以与火的使用相提并论？答案是轮子的发明。

约为公元前4000年左右，从美索不达米亚到德国、波兰、叙利亚，关于最早“轮子”的印迹不断出现。开始时只有片形车轮，由至少两片木板拼凑而成。大约在公元前2000年左右，有辐的车轮出现了。

二、车的出现

车轮的出现，加剧了车的发展，到了罗马时代，西欧的塞尔人制造出第一辆前轴可以旋转的车，最初的车都是人拉或手推的。

随着动物的进化，人们便在牛颈上加上牛轭，让牛来拉车，到公元9世纪，法兰克人又开始让马来拉车，逐渐地马车诞生了。

三、中国古代的车

据说4 600年前，轩辕黄帝创造了车（图2–3）。

图2–3　轩辕黄帝与车

公元前2250年大禹时代，车正（专司车旅交通、车辆制造的官）奚仲制造出了第一辆车，设有车架、车轴、车箱，为保持平衡，采用左、右两个轮子。由于车有两轮（图2–4），且两轮相对，故称“车两”。随着时间推移，“车两”就被俗称为“车辆”了。

图2–4　两轮车（AR）

目前出土的最早的车是商朝的马车，它是一种造型非常精致的两轮单辕马车，有栅栏车身和辐式车轮。这时的车都是独辕，约有18根辐条，长方形车厢，一般可坐2～3人，大多由2匹马驾辕。

安阳殷墟的考古发掘表明我国在商朝晚期已经使用双轮马车。

周朝的车在结构上有所改进，车的配件也更为完备，增加了许多新的零部件，而且在许多关键部位使用了青铜材料的构件，驾车的马增加到了3～4匹甚至6匹，但以驾4匹马的车为主（图2–5），故而，多以“驷”为单位计数车辆。4马加1车称为“一乘”。

图2–5　四马拉车

记里鼓车约发明于西汉初年，是中国古代用于计算道路里程的车辆，又称“司里车”“大章车”。记里鼓车上有两个木人，当车行一里也就是如今的500 m时木人就击一次鼓。记里鼓车的秘密藏在一组与轮轴相连的减速齿轮上，两个木人被各自的中平轮控制，转一周动一次，很像汽车上的里程表。其实，它们的机械原理是相似的。记里鼓车是近代里程表、减速器的先驱，是科学技术史上的一项重大成就。

记里鼓车（图2–6）和指南车（图2–7）都是皇帝出行时的仪仗车，经常被排列在相同位置。

据传指南车三国时期由马钧所造，其用齿轮传动系统和离合装置来指示方向。指南车的原理是车上装有一套差动齿轮装置，当车辆向左、右转弯时，车上可以自动离合的齿轮传动装置就带动木人向车辆转弯相反的方向转动，使木人的手臂始终保持指南。

图2–6　记里鼓车

图2–7　指南车

四、外国古代的车

公元前1675年，古埃及人发明了有制动装置的马车，能使马车在很短时间停止下来。

公元前1世纪，罗马制车匠将塞尔人最早发明的四轮车加以改进，装上了旋转式前轴以转动方向，采用整片的轮辋与轮箍以增加强度，同时用镶有金属边的轮毂以减小摩擦。这种结构使得马车的性能大为提高。公元200年时，在罗马，马拉的邮车和客车可以每24 h行驶约160 km，而且中途停车更换马匹之后可以继续前进。

16世纪的欧洲已经进入“文艺复兴”时期，欧洲的马车制造商风起云涌，马车的制造技术有了相当的提高。中世纪的欧洲，大量地发展了双轴四轮马车，这种马车安置有转向盘。车身方面，出现了活动车门和封闭式结构，并且在车身和车轴之间实现了弹簧连接，使乘坐之人感觉极为舒适。近代的豪华马车如图2–8所示。

1847年，英国伦敦出现了最早的双层公共马车，敞开的顶层可以让乘客悠闲地浏览市容；1851年，马车的顶层有了遮阳防雨的顶篷；1861年，伦敦街道上也有了有轨马车。

18世纪后，德国出现了一种叫作“柏林式”的马车，这在马车制造技术史上是一次重大革新。

为了提高马车车速，人们做了很多尝试，这就使得马车具备了早期汽车的基本结构：车轮和轮胎、车厢、悬架和制动。因此，马车的发展与完善，已经为汽车的诞生创造了有利的条件。

图2-8　豪华马车

任务二　汽车的出现及发展

（1）了解蒸汽机的发明以及蒸汽机的应用。

（2）掌握内燃机的发明以及内燃机燃料的演化顺序。

（3）了解发明时代特点，掌握有关汽车发明人的知识。

（4）能够简单描述汽车的发明、进化过程。

瓦特小的时候，看见炉子上壶里的水沸腾了。蒸汽把壶盖顶了起来，瓦特从中受到启发，长大后发明了蒸汽机，成为著名的发明家。其实，那只不过是传说而已，瓦特发明蒸汽机并不是他幼时的灵感，而是吸收前人的成果和他个人艰苦努力的结果。

一、蒸汽汽车的发明

进入17世纪，意大利、英国、法国真正开始了蒸汽机的研究，例如，意大利的布兰卡，英国的撒马泽特和赛维利、纽科门和瓦特，法国的巴本都进行了蒸汽机的研究。

1769年，英国格拉斯哥大学的工人詹姆斯·瓦特（1736—1819）在大量试验的基础上，改进了纽科门蒸汽机，制成了一台单动式蒸汽机，并且获得了第一台蒸汽机的专利权（图2-9）。1781年瓦特又研制成功一种新式双向蒸汽机，并且可以广泛地应用在各种机器上。1788年，英国政府正式授予瓦特制造蒸汽机的专利证书。

图2-9　瓦特和他发明的蒸汽机（AR）

1769年，法国陆军工程师、炮兵大尉尼古拉斯·古诺（1725—1804）经过6年的时间苦心研究出世界上第一辆蒸汽汽车（图2-10），这是汽车发展史上的第一个里程碑，也标志着人类以机械力驱动车辆时代的开始。车长7.3 m，车高2.2 m，车架上放着直径为1.3 m的锅炉，前轮直径为1.28 m，后轮直径为1.5 m，前轮用作驱动兼转向，车速为4 km/h。在一次试车时蒸汽汽车撞到般圣奴兵工厂的墙上，被认为是世界上第一起机动车事故。蒸汽汽车虽然存在速度慢、体积大、热效率不高、污染严重等问题，但它在汽车发展史上仍占有重要的一页，为现代汽车的诞生奠定了坚实基础。

图2-10　古诺的蒸汽汽车（AR）

1825年，英国哥尔斯瓦底·嘉内公爵制造了一辆18座蒸汽公共汽车，车速为19 km/h，并开始了世界上最早的公共汽车营运。

1834年，英国成立了当时世界上第一个汽车公司——英格兰蒸汽机汽车公司（图2-11），从而使汽车运输走向社会化和企业化。

19世纪中叶是蒸汽机汽车的黄金时代，其车速最高已达55 km/h。

图2-11　英格兰蒸汽机汽车公司

二、内燃机的发明

1801年，法国化学家菲利浦·勒本采用煤干馏得到的煤气和氢气做燃料制成一台发动机，它是将上述可燃气体与空气混合后点燃产生膨胀力来推动活塞运动的，这项发明被誉为内燃机发展史上开拓性的一步。

1859年，比利时出生的法国发明家勒努瓦发明了第一台实用的用照明瓦斯作为燃料的内燃机。

1860年，比利时出生的法国发明家莱诺·兰诺尔发明了第一台二冲程内燃机，这是一台使用煤气做燃料的单缸发动机。

1864年，德国人尼古拉斯·奥托与企业家兼工程师朗津合作建立了世界上第一家内燃机制造厂，专门从事内燃机的开发。

1876年，奥托设计制成了第一台四冲程内燃机（图2-12）。这台内燃机使用煤气作为燃料，采用火焰点火。它具有体积小、转速快和热效率高等优点，与现代内燃机的原理已经非常接近，是第一台能代替蒸汽机的实用内燃机。为了纪念奥托的发明，人们把内燃机工作过程中的进气、压缩、做功、排气四个冲程的循环方式称作“奥托循环”。

德国人戈特利布·戴姆勒和好朋友威廉·迈巴赫一起，在奥托四冲程发动机的基础上，使用汽油作为燃料，改进开发出第一台汽油内燃机（图2-13）。后来他们还制成了世

图2-12　奥托的第一台四冲程内燃机（AR）

图2-13　汽油内燃机

界上第一台轻便小巧的化油器式、电点火的小型汽油发动机，转速达到了当时创纪录的750 r/min，这也为汽车找到了一种最为理想的动力源。戴姆勒立即把这台发动机装在一辆自行车上，并于1885年8月29日取得了德国专利，这实际上是世界上第一辆摩托车。

三、现代汽车的诞生

1. 卡尔・本茨的三轮汽车

卡尔・本茨（1844—1929）1844年出生于德国卡尔斯鲁厄市，是世界汽车工业的先驱者之一。本茨从小就表现出过人的动手能力，1866年他从卡尔斯鲁厄综合科技学校毕业，开始了自己的创业生涯。

1878年，34岁的本茨曾试制过二冲程煤气发动机，但没有成功。1879年，本茨终于首次试验成功了一台二冲程发动机。1883年，本茨创建了“奔驰公司和莱茵煤气发动机厂”。

1885年，本茨在德国曼海姆制成了世界上第一辆汽车。本茨于1886年1月29日向德国专利局申请了汽车发明专利，注册号是37435。这辆得到了第一张官方出生证明的车即公认的世界上第一辆三轮汽车“奔驰1号”（图2–14）。1886年1月29日被世界公认为汽车的诞生日。

图2–14　本茨和他的三轮汽车（AR）

本茨的第一辆三轮汽车自身质量为254 kg，装有三个实心橡胶轮胎的车轮，用钢管制成车架，发动机为单缸四冲程汽油机，排量为0.9 L，功率为0.63 kW，转速为400 r/min，最高车速为18 km/h。

这辆汽车已具备了现代汽车的一些基本特点，如电点火、水冷循环、钢管车架、钢板弹簧悬挂、后轮驱动、前轮转向和掣动手把等。其齿轮齿条转向器是现代汽车转向器的鼻祖。如今，这辆“奔驰1号”汽车陈列在德国汽车发源地斯图加特市的奔驰汽车博物馆中。

2. 戈特利布・戴姆勒的四轮汽车

戈特利布・戴姆勒（1834—1900）1834年出生于德国绍恩多夫市的一个手工业工

人家庭。1859年戴姆勒从斯图加特技术学校毕业，并先后前往法国和英国学习。1885年8月，戴姆勒将功率为0.8 kW的"立钟"发动机装到了一辆木制双轮自行车上，并申请到"石油发动机骑行车"的专利，这就是世界上第一辆摩托车。戴姆勒又被称为"摩托车之父"。

1886年，第一辆四轮汽车诞生了。戴姆勒把这辆车叫作"机动马车"（motor carriage），后来这辆车被尊称为"戴姆勒1号"（图2–15）。

图2–15　戴姆勒和他的四轮汽车

1886年，戴姆勒将给妻子买的生日礼物——一辆四轮大马车加以改造，增添了传动、转向等必备机构，安装上一台1.5马力（注：1马力=735 W，下同）的汽油发动机，使其成为世界上第一辆没有马拉的"马车"——汽车，这辆车以14.4 km/h"令人窒息"的车速从斯图加特驶向了康斯塔特。第一辆实用汽车终于诞生了。这辆汽车采用的是水冷、单缸四冲程、排量为0.47 L的汽油发动机，功率为1.1 kW，最高速度达17.5 km/h，该车装有摩擦式离合器，采用转向杆转向，后轮驱动，车前挂着一盏灯笼用以夜晚照明。

本茨和戴姆勒是人们公认的以内燃机为动力的现代汽车的发明者，他们的发明创造成为汽车发展史上最重要的里程碑，他们两人因此被世人尊称为"汽车之父"。

四、柴油机汽车

鲁道夫·克里斯琴·卡尔·狄塞尔（1858—1913），德国工程师，柴油发动机的发明者。

狄塞尔1858年3月出生在法国巴黎。1879年，狄塞尔大学毕业后针对蒸汽机效率低的弱点，专注于开发高效率的内燃机。他决定选用植物油来解决机器的燃料问题。因为植物油点火性能不佳，无法套用奥托内燃机的结构，狄塞尔为了提高内燃机的压缩比，利用压缩产生的高温高压点燃油料。这种压燃式发动机循环便被称为狄塞尔循环。

狄塞尔1892年提出的压缩点火式内燃机的原始设计，于1897年在德国奥古斯堡工厂

图2-16　狄塞尔和他的柴油机

制成以煤油为燃料的压缩点火式内燃机，以后很快发展为以柴油为燃料的压缩点火式内燃机，即柴油发动机（图2-16）。柴油机又被称为"狄塞尔"（英语"DIESEL"，即为柴油机之意）。

五、新能源汽车

新能源汽车是指除汽油、柴油发动机之外所有其他能源的汽车，包括燃料电池汽车、混合动力汽车、氢能源动力汽车和太阳能汽车等。其废气排放量比较低。据不完全统计，全世界现有超过400万辆液化石油气汽车、100多万辆天然气汽车。目前中国市场上在售的新能源汽车多是混合动力汽车和纯电动汽车。

新能源汽车包括纯电动汽车、混合动力汽车、燃料电池电动汽车、氢能源动力汽车等。

1. 纯电动汽车

纯电动汽车（battery electric vehicles，BEV）是一种采用单一蓄电池作为储能动力源的汽车，它利用蓄电池作为储能动力源，通过电池向电动机提供电能，驱动电动机运转，从而推动汽车行驶（图2-17）。由于对环境影响相对传统汽车较小，纯电动汽车的前景被广泛看好，但当前技术尚不成熟。

图2-17　纯电动汽车

纯电动汽车完全由可充电电池（如铅酸电池、镍镉电池、镍氢电池或锂电池）提供动力源。虽然它已有100多年的悠久历史，但一直仅限于某些特定范围内应用，市场较小。其主要原因是由于各种类别的蓄电池普遍存在价格高、寿命短、外形尺寸和重量大、充电时间长等严重缺点。

2. 混合动力汽车（图2-18）

图2-18　混合动力汽车

混合动力汽车（hybrid vehicle）是指车辆驱动系统由两个或多个能同时运转的单个驱动系统联合组成的车辆，车辆的行驶功率依据实际的车辆行驶状态由单个驱动系统单独或共同提供。通常所说的混合动力汽车，一般是指油电混合动力汽车（hybrid electric vehicle，HEV），即采用传统的内燃机（柴油机或汽油机）和电动机作为动力源，也有的发动机经过改造使用其他替代燃料，例如压缩天然气、丙烷和乙醇燃料等。

随着世界各国环境保护的措施越来越严格，混合动力车辆由于其节能、低排放等特点逐步成为汽车研究与开发的一个重点，并已经开始商业化。混合动力汽车使用的电动力系统中包括高效强化的电动机、发电机和蓄电池。蓄电池已使用的有铅酸电池、镍锰氢电池和锂电池，将来应该还能使用氢燃料电池。

（1）了解汽车发展史上的重大变革。

（2）了解每次汽车变革的历史意义。

任务导入

100多年的汽车发展史表明：汽车诞生于德国，成长于法国，成熟于美国，兴旺于欧洲，挑战于日本。

1886年，德国人本茨和戴姆勒发明了汽车，接着欧洲出现了生产汽车的公司。最早成立的汽车公司有德国的奔驰公司、戴姆勒公司，法国的标致公司、雷诺公司，英国的奥斯汀公司、罗浮公司，意大利的菲亚特公司等，欧洲成为世界汽车工业的摇篮。德国人发明了汽车，而促进汽车最初发展的是法国人。1891年，法国人阿尔芒·标致首次采用前置发动机后驱动形式，奠定了汽车传动系的基本构造。1898年，法国人路易斯·雷诺将万向节首先应用于汽车传动系中，并发明了锥齿轮式主减速器。

不过尽管以法国为主的欧洲汽车公司占据了当时世界汽车工业的统治地位，但都是以手工方式生产汽车，且讲究豪华、价格昂贵，限制了汽车工业的发展。

在随后的汽车历史发展中，世界汽车工业经历了三次巨大变革。第一次变革是美国福特汽车公司推出了T型车，发明了汽车装配流水线，使世界汽车工业的发展中心从欧洲转向美国。第二次变革是欧洲通过多品种的生产方式，打破了美国汽车公司在世界车坛的长期垄断地位，使世界汽车工业的发展中心从美国又转回欧洲。第三次变革是日本通过完善生产管理体系形成精益的生产方式，全力发展物美价廉的经济型轿车，日本成为继美国、欧洲之后世界第三个汽车工业发展中心，使世界汽车工业的发展从欧洲转到日本。

知识准备

一、流水线生产方式——福特T型车创造的神话

1903年福特（Ford）汽车公司诞生。美国汽车大王亨利·福特首先提出并实现了“让汽车成为广大群众的需要”的梦想。福特汽车公司积极研制结构简单、实用，同时性能完善而售价低廉的普及型轿车。

1908年福特公司推出T型车。T型车的出现，使汽车从有钱人的专利品变成大众化的商品，在长达20年的T型车生产期间，T型车被称为“运载整个世界的工具”（图2–19）。

1913年，福特公司在汽车城底特律市建成了世界上第一条汽车装配流水线（图2–20），使T型车成为大批量生产的开端，并实行了工业大生产管理方式，实现了产品系列化、零部件标准化。汽车装配时间从12.5 h缩短到1.5 h。从1908年到1927年，共生产了1 500多万辆T型车，售价从开始的一辆850美元，降到后来的一辆360美元。

1915年，仅福特公司的汽车年产量就占美国汽车公司总产量的70%，而当时生产汽车历史较长的德、英、法等欧洲各国的汽车总产量也不过是美国产量的5%。

图2–19　福特T型车（一）

图2–20　第一条汽车装配流水线（AR）

图2–21　现代化流水线生产方式

福特T型车使汽车在美国得到了普及，让汽车进入了普通美国家庭。福特生产T型车的经验不仅为美国，甚至为世界汽车工业的发展奠定了基础，福特汽车公司因此被誉为“汽车现代化的先驱”。从那时开始，汽车工业才有条件发展为世界性的成熟产业。福特汽车的现代化流水线生产方式（图2–21）也成为其他汽车厂商争先效仿的生产方式。

美国汽车工业的形成和发展与当时美

国在资本、国民收入、石油资源、市场等各方面都存在优于欧洲的具体条件有关，加之美国政府十分重视国民交通工具的现代化，有意识地引导人们购买汽车。巨大的国内市场促成了美国汽车工业的大发展，出现了一大批诸如后来闻名世界的通用汽车公司、克莱斯勒公司，最多时美国曾有181家汽车厂。到了1927年，经过残酷的市场竞争仅存留了44家，其中福特（Ford）、通用（General Motors）、克莱斯勒（Chrysler）三大汽车巨头公司的销售量占美国汽车总销售量的90%以上。美国汽车工业的突飞猛进，也使美国首先进入了现代化。

二、汽车产品的多样化——以欧洲为重心的汽车工业发展时期

第二次世界大战以前，欧洲人就已经开始对美国汽车的一统天下不满。但是，由于当时欧洲的汽车公司尚不能大批量生产，故无法降低售价与美国汽车公司竞争。于是，他们以新颖的汽车产品，例如发动机前置前驱动、发动机后置后驱动、承载式车身、微型节油车等，尽量适应不同的道路条件、国民爱好等要求，以与美国汽车公司抗衡。因此，形成了由汽车产品单一到多样化的变革。针对美国车型单一、体积庞大、油耗高等弱点，欧洲开发了多姿多彩的新型车，例如严谨规范的奔驰、宝马，轻盈典雅的法拉利、雪铁龙，雍容华贵的劳斯莱斯、美洲虎、神奇的甲壳虫（图2–22），风靡全球的“迷你”等车型。多样化的产品成为最大优势，规模效益也得以实现。

图2–22　甲壳虫汽车

到1966年，欧洲汽车产量突破1 000万辆，比1955年产量增长5倍，年均增长率为10.6%，超过北美汽车产量，成为世界第二个汽车工业发展中心。到1973年，欧洲汽车产量提高到1 500万辆。

在这一时期汽车工业保持了大规模生产的特点，世界汽车保有量激增，汽车工业发展的中心由美国转移到西欧。汽车技术的高科技含量增加，汽车品种进一步增多。汽车工业界对于汽车造成的安全问题、污染问题，在政府的督促和支持下制定了许多对策，并使汽车在结构、性能等方面都得到了大幅度提高。

三、精益的生产方式——日本汽车工业的腾飞

世界汽车工业的第三次变革发生在日本。日本汽车工业起步较晚，日本第一大汽车公司丰田汽车公司和第二大汽车公司日产汽车公司均创建于1933年，但一直到20世纪50年代，日本的汽车工业仍然发展缓慢。

直到20世纪60年代，日本丰田汽车公司探索出独特的、令世界耳目一新的“丰田生产方式”。它是将生产过程的各个环节联系在一起，组成一个完整体系，并以“精益思想”

为根基，以寻求“消除一切浪费，力争尽善尽美”为最佳境界的新的生产经营体系。这一体系从产品计划开始，通过制造的全过程、协作系统的协调一直延伸到用户。它一改以往制造业在大量生产方式体制下的经营思想，以“传票方式”（看板方式）为代表的“三及时”，即“在必要的时间—按必要的量—生产必要的产品”作为理念精髓，以“及时生产”（just in time，JIT）即不断地降低成本、无废品、零库存和无止境的产品更新为追求目标，因而被理论界称为“精益生产方式”。可以说，这一思想是丰田集体智慧的结晶，它由丰田普及到日本汽车工业，又从汽车工业扩展到整个制造业，从而将日本推向汽车王国，进入经济强国之列。

到了1973年，日本汽车出口量达到200万辆；1977年，日本汽车出口量达到400万辆；1980年，日本汽车出口量猛增到600万辆。由于日本实现了汽车国内销售量和出口量双高增长，迎来了日本汽车工业的大发展，创造了世界汽车工业发展的奇迹。日本丰田汽车公司的“车到山前必有路，有路必有丰田车”和日产汽车公司“古有千里马，今有日产车”的广告家喻户晓。日本成为继美国、欧洲之后的世界上第三个汽车工业发展中心。

（1）了解我国汽车发展简史。
（2）了解我国汽车发展特点。

任务导入

虽然中国有四大发明，但是汽车的发展在我国却是迟缓的，1931年5月31日，国产第一辆汽车——民生牌75型载货汽车终于问世。这辆车除少数部件如发动机曲轴等是委托国外厂家依照本厂图样代制外，其余部件均由本厂自制。

当时制造厂根据国内道路状况和实际情况，计划制造两种型号的载货汽车，一为75型，载重量约为2 t，适用于城镇；一为100型，载重量约为3 t，适用于道路条件较差的地区。根据计划，先试制一辆75型载货汽车。在试制过程中，还曾同国外的福特、通用等汽车公司交换过信息。

民生牌汽车问世以后，在国内引起很大反响。中华全国道路建设协会为纪念建会10周年，在上海举办路市展览会，并强烈要求展出第一辆国产汽车，为展览会增色，为国争光。李宜春厂长决定派人参加会议，并将汽车和各种汽车零件以及各种图表一并发往上海。

一、新中国成立前我国汽车工业背景

1901年，匈牙利人李恩思从欧洲购进两辆美国生产的奥兹莫比尔汽车到上海自备使用，中国从此开始出现汽车。

1902年，袁世凯为取悦慈禧太后，从香港购置了一辆第二代奔驰牌轿车（图2–23）送给慈禧太后，"老佛爷"慈禧成为中国历史上的第一位有车族。

最早提出要建立中国汽车工业的是孙中山。1920年，孙中山在《建国方略》中正式提出"建造大路、发展自动车工业"的国家发展方略。

张学良将军是中国历史上第一个实际组织生产国产汽车的人。1929年，张学良在沈阳的兵工厂开始试制生产汽车，于1931年5月，成功试制出一辆"民生"牌载货汽车（图2–24）。但是当时由于受到一些历史条件的限制，没有形成真正的民族工业。

图2–23　慈禧太后的轿车（AR）

图2–24　"民生"牌载货汽车（AR）

二、新中国成立后汽车工业发展概况

新中国成立后的汽车工业，与共和国同命运，经过60多年的努力，发生了天翻地覆的变化。从一个曾经是"只有卡车没有轿车""只有公车没有私车""只有计划没有市场"的汽车工业，形成了一个种类比较齐全、生产能力不断增长、产品水平日益提高的汽车工业体系。

1. 中国汽车工业发展历程

1）创建阶段（1953—1965）

中国汽车工业的发展始于1953年，1953年7月15日在长春建厂，从此拉开了新中国汽车工业筹建工作的帷幕。国产第一辆汽车——"解放牌"载货汽车于1956年7月驶下总装配生产线，结束了中国不能制造汽车的历史，圆了中国人自己生产国产汽车之梦。

一汽是我国第一个汽车工业生产基地。同时，也决定了中国汽车业自诞生之日起就

图2-25 红旗轿车

重点选择以中型载货车、军用车以及其他改装车为主的发展战略，中国汽车工业的产业结构从开始就形成了“缺重少轻”的特点。

1957年5月，一汽开始仿照国外样车自行设计轿车。1958年试制成功CA71型“东风牌”小轿车和CA72型“红旗牌”高级轿车。同年9月，又一辆国产“红旗牌”轿车在上海诞生。“红旗牌”高级轿车（图2-25）被列为国家礼宾用车，并用作国家领导人乘坐的庆典检阅车。“红旗牌”小轿车参加了1959年国庆十周年的献礼活动。

1958年以后，各省市纷纷利用汽车配件厂、修理厂仿制和拼装汽车，形成了中国汽车工业发展史上第一次“热潮”，产生了一批汽车制造厂、汽车制配厂和改装车厂，汽车制造厂、维修改装车厂分别由1953年的1家、16家发展为1960年的16家、28家。其中，南京、上海、北京和济南共4个较有基础的汽车制配厂，经过技术改造成为继一汽之后第一批地方汽车制造厂。

1966年以前，我国汽车工业共投资11亿元，主要格局是形成一大四小5个汽车制造厂及一批小型制造厂，年生产能力近6万辆、9个车型品种。1965年年底，全国民用汽车保有量近29万辆、国产汽车17万辆（其中一汽累计生产15万辆）。

2）成长阶段（1966—1980）

1964年，国家确定在三线建设以生产越野汽车为主的第二汽车制造厂，建在湖北十堰的二汽成为我国汽车工业第二个生产基地，当时主要生产中型载货汽车和越野汽车。二汽的建成，开创了中国汽车工业以自己的力量设计产品、确定工艺、制造设备、兴建工厂的纪录，检验了整个中国汽车工业和相关工业的水平，标志着中国汽车工业上了一个新台阶。

与此同时，四川和陕西汽车制造厂，分别在重庆市大足县和陕西省宝鸡市（现已迁西安）兴建和投产，主要生产重型载货汽车和越野汽车。为适应国民经济发展对重型载货汽车的需求，济南汽车制造厂扩建“黄河牌”8 t重型载货汽车的生产能力，安徽淝河、河南南阳、辽宁丹东、黑龙江和湖南等地汽车也投入同类车型生产。

这一时期，由于全国汽车供不应求，再加上国家再次将企业下放给地方，因此造成中国汽车工业发展的第二次“热潮”。1976年，全国汽车生产厂家增加到53家，专用改装厂增加到166家，但每个厂平均产量不足千辆，大多数在低水平上重复。

3）全面发展阶段（1981年至今）

在改革开放方针指引下，我国汽车工业进入全面发展阶段。汽车老产品（解放、跃进、黄河车型）升级换代；调整商用车产品结构，改变“缺重少轻”的生产格局；引进技术和资金，建设轿车工业，形成生产规模；行业管理体制和企业经营机制改革，汽车车型品种、质量和生产能力大幅增长。在这时期，中国汽车工业发生了大变革，成为中国汽车工业一个旧时代的结束和一个新时代开始的分水岭。

从1999年起，中国汽车工业进入高速增长期，每年保持两位数以上的增长。

目前中国轿车领域已形成了以一汽、二汽、上汽三大汽车集团为主导，以广州本田、重庆长安、南京菲亚特、浙江吉利、哈飞集团、昌河集团、华晨汽车、北京现代等为重要组成部分的“3+X”的崭新格局。

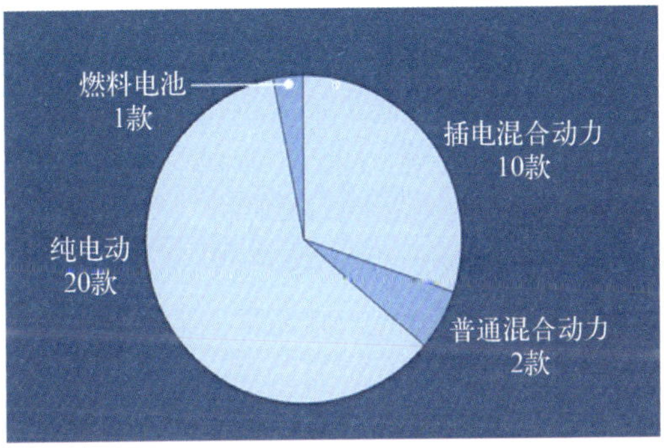

图2–26　2015年上海车展新能源汽车概况（AR）

2. 中国汽车行业发展趋势

中国汽车行业将呈现以下四大发展态势：

首先，新能源汽车（图2–26）有望在中国率先成为市场的主流产品。2015年，中国新能源汽车销量同比增长3.4倍，首超美国成为全球第一。2016年1—4月，中国新能源汽车销售同比增长超过130%，且产品类型也更加丰富。中国电动车开始进入部分核心技术具有独立知识产权的发展阶段。

其次，智能网联技术的普及将为中国汽车产品打开新的价值空间。2015年，几乎所有的新车都开始打出智能互联概念，而且功能越来越强大，尤其是智能技术开始从概念走入现实，不少车商开始进入无人驾驶的路试和动态展示阶段，在许多车型上电动化、智能化、网联化同时出现，三化融合趋势明显。

第三，互联网不仅带来新的造车力量，而且还会让汽车的社会化更进一步。从2015年以来，互联网与汽车产业的融合更加深入，曾以造势为主的互联网业正式推出落地车型，电商对传统汽车销售模式的冲击已无处不在。

最后，中国汽车品牌的成功将惠及全球消费者。中国品牌乘用车在遭遇连续滑坡后重新企稳，2016年1—4月市场占比回升到44%。同时，不少中国汽车都推出了中高端产品，并收购了不少有价值的国际汽车品牌，中国汽车业正在成为全球汽车舞台上的一支重要力量。中国汽车品牌的崛起将有助改变全球汽车产业的格局，让全世界更多的消费者享受到中国红利。

任务实施

利用学校多媒体教室，分组查找资料。了解韩国汽车发展历史，并整理成稿件。

练一练

一、填空题

1. 世界上第一辆三轮汽车诞生于__________年，是由__________国的__________发明的。

2. 世界上第一条流水线生产方式是________国的________发明的。
3. 从世界汽车工业的发展可以看出，汽车诞生于________，成长于________，成熟于________，兴旺于________，挑战于________。
4. 中国第一汽车制造厂的地址在________。
5. 奥托制造的四冲程内燃机所用的燃料是________。
6. 狄塞尔发明的发动机属于________。
7. 世界汽车工业的第三次变革发生在________。
8. 多样化生产方式是发生在________的汽车变革。

二、单项选择题

1. 世界上第一辆四轮汽车是由（　　）发明的。
   A. 本茨　B. 戴姆勒　C. 福特　D. 奥托
2. 中国的第一位有车人是（　　）。
   A. 慈禧　B. 孙中山　C. 李思思　D. 袁世凯
3. 历史上的记里鼓车是由（　　）发明的。
   A. 中国　B. 美国　C. 德国　D. 日本
4. 第一辆蒸汽汽车是由（　　）发明的。
   A. 古拉斯·古诺　B. 詹姆斯·瓦特
   C. 莱诺·兰诺尔　D. 威廉·迈巴赫
5. 汽车的多样化生产方式是由（　　）发明的。
   A. 德国　B. 美国　C. 日本　D. 韩国
6. 世界上第一辆摩托车是（　　）发明的。
   A. 戴姆勒　B. 奥托　C. 莱诺·兰诺尔　D. 詹姆斯·瓦特
7. 柴油机是由（　　）发明的。
   A. 奥托　B. 詹姆斯·瓦特　C. 莱诺·兰诺尔　D. 鲁道夫·狄塞尔
8. 纯电动汽车是一种采用单一（　　）作为储能动力源的汽车。
   A. 汽油　B. 煤油　C. 柴油　D. 蓄电池

三、简答题

1. 简述汽车发展史上的三次重大变革。

2. 简述车轮出现的重要性。

3

项目三　国内外主要汽车公司及其创始人

项目概述

全球各个国家的经济发展是不均衡的，这就导致了汽车在各个国家的发展有起步早晚、有快速与滞后；各个国家生活方式不同、认识事物的世界观不一样，所以导致其对汽车性能的要求不同。本项目将讲述世界上主要汽车公司的发展概况并且介绍在汽车发展过程中做出杰出贡献的名人。

任务一　美国汽车公司及其创始人

学习目标

（1）了解美国主要汽车公司。

（2）掌握美国汽车公司标志。

（3）了解美国主要汽车公司创始人。

任务导入

新一代雷克萨斯LS于2017年1月发布。

日前，有国内媒体报道称，全新一代雷克萨斯LS（图3–1）于2017年1月的北美车展上正式发布，新车基于此前发布的雷克萨斯LF–FC概念车打造而来。据悉，这款车会在

图3–1 全新一代雷克萨斯LS

2017年5月正式在海外上市。

作为雷克萨斯旗下旗舰轿车，全新一代雷克萨斯LS将基于LF–FC概念车打造而来，其继续沿用雷克萨斯最新家族式设计语言。通过此前雷克萨斯LF–FC概念车来看，新车造型非常凶悍，LED日间行车灯及通风口均采用倒钩状的设计，配合LED大灯组，新车的车身前低后高，营造出很强的运动风格。

据了解，在动力系统方面，全新雷克萨斯LS或将配备3.5 L V6、5.0 L V8以及混合动力系统等动力配备供消费者选择。

知识准备

一、美国汽车工业史

美国历史上第一次汽车展览举办于1900年11月，在纽约市当时的麦迪逊花园广场举行。从历次汽车展览可以看出美国汽车工业的发展历史，也可以看出美国汽车工业汽车造型及功能的发展。

19世纪末，美国的经济已经达到了比较高的水平，工业生产开始处于世界前列，其钢铁和石油化工等工业的发展为汽车工业的发展创造了条件。1908年，福特汽车推出了著名的T型车，这种售价不足500美元、后降到300多美元的汽车，只有当时同类汽车价格的1/4甚至1/10，美国一个普通工人用一年工资就可以购买到。福特的T型车战略使汽车成为真正意义上的大众交通工具。1913年，福特公司率先在生产中使用流水线装配汽车，这给汽车工业带来革命性变化，美国随即出现了普及汽车的高潮。

1）第一阶段（1900—1915年）

1893年亨利·福特发明世界上第一辆以汽油为动力的汽车后7年，汽车开始大量生产，人类进入汽车时代。奥兹莫比尔汽车公司成立于1897年，是美国历史最悠久的汽车制造厂商。该公司于1903年生产的Doctor Coupe是单气缸引擎汽车，也是该公司第一批大量生产的汽车，1903年共约生产了4 000辆。1909年福特汽车公司生产的福特T型汽车为汽车制造开创了新纪元，可以说20世纪是美国甚至是全世界让汽车成为大众交通工具的先驱，因为福特T型汽车是在世界第一条生产线上装配而成的汽车。福特采用大量生产方式，改善T型汽车，同时降低价格，也因此改变了人类的生活方式。

2）第二阶段（1916—1929年）

汽车制造在这个时期日趋成熟。越来越多的社会中等阶层拥有汽车，而汽车的造型已经成为汽车制造过程中的一个重要部分。通用汽车公司更率先成立艺术与色彩生产部门。富有人家流行汽车车身定做，即先购买某种汽车的机械部件，然后再另外设计定做车身。虽然许多被视为经典的汽车外观都是这个时期的产物，但车身定做其实是费钱而不实际的。成立于1902年的凯迪拉克汽车公司一向以机械部件优良著称。公司曾经有过把三辆汽车拆开，将机械零部件整个打散，再重新混合组合成三辆汽车的记录。这项创举，旨在强调凯迪拉克的零部件的标准化及一致性。

3）第三阶段（1930—1942年）

利用空气动力原理，汽车的引擎设计在这个时期出现了长足的进步。然而，第二次世界大战让汽车制造厂商投入军事车辆及机械的制造中，汽车外观并无明显演变，几乎无造型可言的吉普车的出现完全是基于实际的需要。Franklin Sport Runabout汽车公司自1902年至1934年在纽约州的雪城生产汽车，引擎开始使用空气冷却系统。

4）第四阶段（1946—1959年）

随着喷气飞机时代的来临，汽车造型也趋向于更低、更长、更宽，并在车后加上大大的尾翼。这个时期的汽车造型有两大特点：一是车身的防撞设计，一是尾翼的流行。

5）第五阶段（1960—1979年）

在这个时期，消费者抛弃以往强调越大越美的汽车造型，传统而保守的造型蔚然成风，以甲壳虫为代表的小型汽车大为流行。一些价格合理的小跑车如Mustang和Corvette等普遍受到欢迎，小型汽车市场开始增长。1964年福特野马跑车率先掀起小型车的革命。美洲豹E型汽车以玲珑的流线型外形赢得消费者青睐。当捷豹XKE汽车第一次在1961年的纽约国际汽车展览会出现时，立刻造成轰动。这款双人座双门敞篷车时速高达150 mi（240 km），而它创新的独立后悬挂系统使其在当年的车展上备受关注。

二、美国主要汽车公司及其创始人

（一）通用汽车公司

1. 概述

通用汽车公司是全球最大的汽车公司，其核心汽车业务及子公司遍及全球，是由威廉·杜兰特于1908年9月在别克汽车公司的基础上发展起来的，成立于美国的汽车城底特律。现总部仍设在底特律。

通用汽车是韩国通用大宇汽车和技术公司的控股公司，并与日本的铃木汽车株式会社和五十铃汽车株式会社开展战略合作。同时，通用汽车与戴姆勒·克莱斯勒集团、宝马集团和丰田汽车公司在新能源技术领域亦开展了相关合作。此外，通用汽车还与丰田汽车公司、铃木汽车株式会社、中国上海汽车工业（集团）总公司、俄罗斯AVTOVAZ汽车公司及法国雷诺汽车共同研发生产汽车。

通用汽车旗下的轿车和卡车品牌包括别克（Buick）、凯迪拉克（Cadillac）、雪佛兰（Chevrolet）、GMC、通用大宇（GM DAEWOO）、霍顿（Holden）、悍马（Hummer）、欧宝（Opel）、庞蒂亚克（Pontiac）、萨博（Saab）、土星（Saturn）和VOLVO（与沃尔沃合资组建沃尔沃通用重型载货汽车公司）等（图3–2）。

别克（Buick）

凯迪拉克（Cadillac）

雪佛兰（Chevrolet）

悍马（Hummer）

庞蒂亚克（Pontiac）

欧宝（Opel）

萨博（Saab）

土星（Saturn）

大宇（DAEWOO）

奥兹莫比尔（Oldsmobile）

霍顿（Holden）

沃克斯豪尔（Vauxhall）

图3-2 通用汽车公司汽车主要品牌

通用汽车公司的售后服务和零部件业务部通过通用汽车、通用汽车Goodwrench和AC德科的品牌进行汽车零部件的销售；而通用汽车全球驱动系统部（原动力总成部）则负责汽车发动机及变速器的市场销售。

通用汽车公司旗下的通用汽车金融服务公司（GMAC）是全球领先的金融服务公司，向全球客户提供汽车和商业贷款、抵押融资以及保险等服务业务。通用汽车OnStar是汽车安全、信息服务方面的业界领导者。通用汽车公司其他主要业务包括提供数字电视娱乐服务和卫星服务的休斯电子公司，以及制造柴油–电动机车和商业柴油发动机的通用汽车机车公司。

2. 公司创始人——杜兰特（图3–3）

通用汽车公司创始人是威廉·C·杜兰特（1861—1947）。1886年，25岁的杜兰特投资成立了一家马车公司，1904年，杜兰特资助别克（Buick）汽车公司，被选为别克汽车公司的董事长，别克汽车公司是杜兰特在汽车制造业成名的起点。

图3–3 威廉·C·杜兰特

1908年，杜兰特以别克汽车公司为核心创建了通用汽车公司，后由于多种原因离开该公司。1911年11月3日杜兰特又和路易斯·雪佛兰创建了雪佛兰汽车公司。在美国化工大王皮埃尔·杜邦的支持下，1916年买下通用大部分股权，重新控制了通用汽车公司，同年6月重新出任通用汽车公司的总经理。

3. 公司主要汽车品牌

1）别克（Buick）

定位人群：高级职业经理。

图3-4　大卫·别克

苏格兰人大卫·别克（图3-4）是一位发明家和机械工程师，曾经研制成功过顶置气门式发动机。他于1903年5月19日，在布里斯科兄弟的帮助下，创建了别克汽车公司。1908年，通用汽车公司创始人杜兰特就是以别克公司为核心成立了美国通用汽车公司。

别克代表具时代进取精神的中高档汽车品牌，秉承“心静、思远、志行千里”的理念，构建了11大产品系列50余款车型，为社会主流精英带来智能、高效、舒适的驾乘体验。

2）凯迪拉克

定位人群：贵族和富豪。

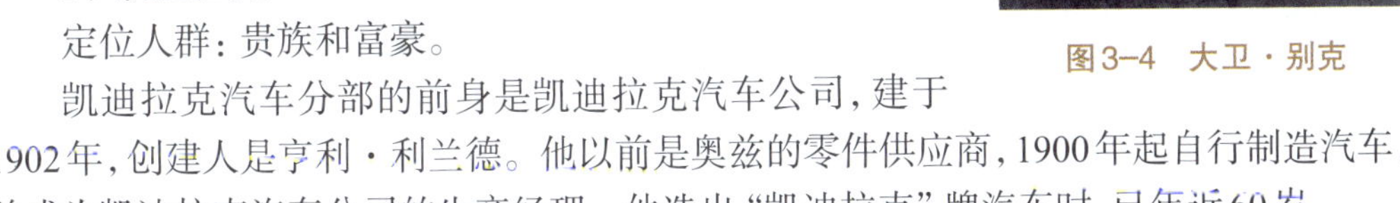

凯迪拉克汽车分部的前身是凯迪拉克汽车公司，建于1902年，创建人是亨利·利兰德。他以前是奥兹的零件供应商，1900年起自行制造汽车，并成为凯迪拉克汽车公司的生产经理。他造出“凯迪拉克”牌汽车时，已年近60岁。

3）雪佛兰

定位人群：普通大众。

雪佛兰汽车分部原为雪佛兰（Chevrolet）汽车公司。1909年，通用汽车公司的创始人威廉·C·杜兰特邀请著名的瑞士赛车手兼工程师路易斯·雪佛兰帮助他设计一款面向大众的汽车。1911年11月3日，以设计师名字命名的雪佛兰汽车公司应运而生。

雪佛兰的品牌定位是“一个大众化的值得信赖的国际汽车品牌”。品牌个性是值得信赖、聪明务实、亲和友善、充满活力。

雪佛兰分部除生产大众化车型外，还生产了知名的运动型跑车克尔维特（Corvette），这一车名沿用了17、18世纪时欧洲一种炮舰的名称，其含义是向当时风行的英国跑车挑战。

4）庞蒂亚克

定位人群：时髦的年轻人。

庞蒂亚克汽车分部原为奥克兰汽车公司，建于1907年，创建人是年轻的实业家爱德华·墨菲。1893年爱德华创办了庞蒂亚克轻便马车公司。1909年爱德华转让了一半股份给通用，随后因爱德华突然死亡，奥克兰汽车公司就成了通用的全资子公司，自1932年起正式启用庞蒂亚克汽车分部这一名称，主要生产轿车和跑车。

5）奥兹莫比尔

定位人群：各类专业人士。

奥兹莫比尔汽车分部原为奥兹汽车公司，由兰索姆·奥兹于1897年建立。1904年奥兹汽车公司成为第一家出口汽车的美国汽车厂商，产品销往18个国家。1908年奥兹汽车公司并入通用汽车公司，更名为奥兹莫比尔汽车分部。奥兹莫比尔（Oldsmobile）名称由奥兹（Olds）加上莫比尔（Mobile）得来。

6）土星——最年轻的品牌

土星（Saturn）汽车是通用汽车公司为推行“土星计划”于1985年推出的，旨在降低成本，缩小与日本汽车业的差距。

土星是通用汽车公司最年轻的品牌，它以市场反应为准绳，在外观和性能上有创新，在价格上有优势，从而在市场上受到青睐。

（二）福特汽车公司

1. 概述

1903年6月16日亨利·福特（图3–5）创建了福特汽车公司，总部设在美国底特律市。

福特汽车公司是以生产汽车为主，业务范围涉及电子、航空、钢铁和军工等领域的综合性跨国垄断工业集团。福特汽车公司现已发展为全球最大的卡车制造商和第二大汽车公司。

图3–5　亨利·福特

福特汽车公司以生产为导向，具有全球化想法、注重顾客需求、持续追求成长，深信“领导者是老师”，关爱员工，注重全方位培训，精益求精。

目前，福特汽车公司拥有世界著名的八大汽车品牌（图3–6）：福特（Ford）、林肯（Lincoln）、水星（Mercury）、马自达（Mazda）、沃尔沃（Volvo）、阿斯顿·马丁（Aston Martin）、路虎（Land Rover）和捷豹（Jaguar）等。此外，还拥有全球最大的福特信贷企业、全球最大的汽车租赁公司Hertz和客户服务品牌Quality Care。在2008年经济危机时，福特是全球唯一一家没有经过国家救济而渡过危机的汽车集团。

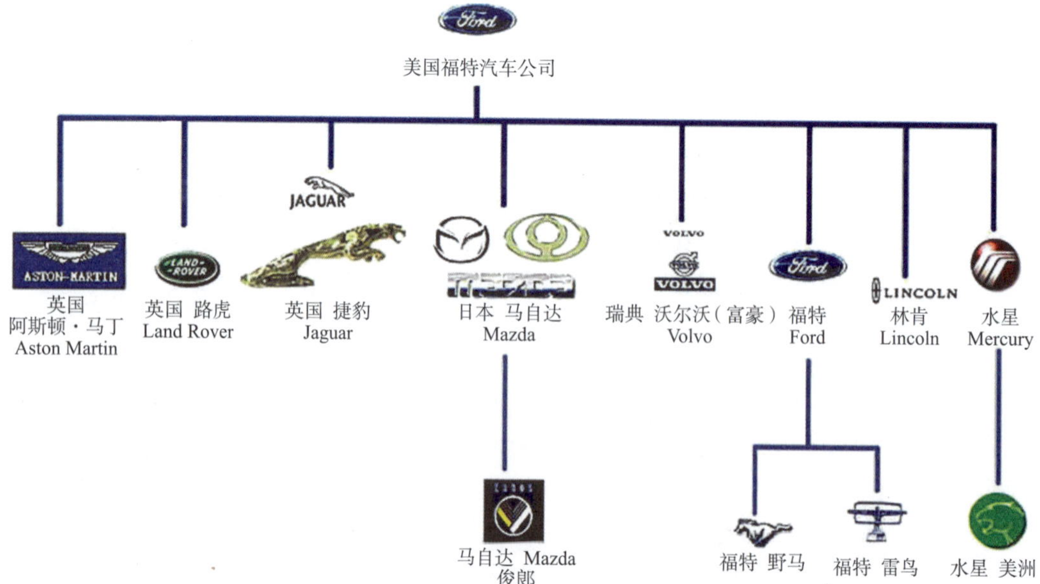

图3–6　福特公司汽车品牌

2. 公司创始人——亨利·福特

福特汽车公司创始人是亨利·福特（Henry Ford，1863—1947）。

1893年圣诞节，福特汽油机试验成功；1896年，亨利·福特在家中完成了他的第一部汽车——四轮车；并与别人合作成立了底特律汽车公司，自己任制造部经理。

1903年福特汽车公司成立。

1913年，亨利·福特发明了流水线生产方式，大大提高了生产效率，降低了生产成本，从而使汽车价格大幅度下降，发生了汽车工业的第一次变革。从而，亨利·福特被尊称为“为世界装上轮子”的人。

1947年4月7日，亨利·福特因脑溢血在底特律市去世，终年84岁。1947年4月《纽约时报》对亨利·福特这样评价：“当他来到人世时，这个世界还是马车时代。当他离开世界时，这个世界已经成了汽车时代。”

1999年，《财富》杂志将亨利·福特评为“21世纪商业巨人”，以表彰他和福特汽车公司对人类工业发展所做出的杰出贡献。亨利·福特先生成功的秘诀只有一个：尽力了解人们内心的需求，用最好的材料，由最好的员工，为大众制造人人都买得起的好车。

3. 公司主要汽车品牌

1）福特（Ford）

福特是福特汽车公司品牌家族的第一个成员。福特汽车公司成立于1903年，由亨利·福特和11个股东用最初的28 000美元共同创立。1908年，亨利·福特在试造了几个车型后，终于推出了改变世界的T型车（图3–7）。1913年亨利·福特发明的现代工业革命史上具有里程碑意义的流水装配线，奠定了大规模生产方式的基础。

图3–7　福特T型车（二）

2）林肯·水星

林肯是福特汽车公司拥有的第二个品牌，在1907年由亨利·利兰创立，1922年福特汽车公司以800万美金收购了林肯品牌，并由此进入豪华车市场。由于林肯车杰出的性能、高雅的造型和无与伦比的舒适感，它一直是美国汽车舒适和豪华的象征。自1939年美国富兰克林·罗斯福总统以来，它一直被选为总统用车。

林肯品牌的著名产品有城市（Town Car）、Navigator、Aviator和LS。目前在中国出现较多的是林肯城市。

水星品牌的独特之处在于，它是福特汽车公司唯一自创的品牌。20世纪30年代中期，福特汽车的管理层意识到在经济型的福特车和豪华型的林肯车之间仍存在市场机会，于是在1935年开发出了水星品牌、拟进军中档车市场，1938年10月正式推出水星产品。当时的水星配备了强劲的95马力、V–8发动机，大受欢迎，一年之内就占领了美国2.19%的轿车市场份额。水星一直是创新和富于个性的美国汽车的代表。

水星品牌的著名产品有Cougar、Sable、Villager、Mountainer、Mystique、Grand Marquis、Puma等。

3）捷豹

诞生于英国的捷豹（Jaguar）汽车是世界著名的豪华汽车品牌之一，车如其名，捷豹所追求的也正是如虎豹般的力量、速度与美感。

捷豹汽车的创始人William Lyons与机械师William Walmsley在1922年共同创建了麻雀挎斗车公司（Swallow Sidecars）。Lyons和Walmsley将旗下产品以奢华定位，并且在高端市场站稳了脚跟。1934年，Lyons收购了Walmsley的股份，重组车厂并将公司名字改成了SS。

1935年，随着一系列全新轿车和跑车的问世，“捷豹”的名字首次出现。在当年伦敦车展开幕前，第一辆贴有捷豹标签的SS捷豹2.5 L轿车，在伦敦梅菲尔大酒店举行的奢华仪式上亮相。1989年，美国福特汽车以40.7亿美元收购捷豹。作为福特旗下一个单独运营的豪华车品牌，捷豹一直保持着自己优雅、高贵的气质。

捷豹三种最具影响的车型是高级轿车，如XJ系列、跑车系列和轿跑车系列。其中，XK8跑车被媒体认为是E型车及其他经典捷豹跑车的真正传世之作，在各主要市场连连创下跑车的销售新纪录。捷豹的经典车型有SS100、XK型、XJ型、E型、S型、X型。

4）路虎

路虎（Rover，曾译为罗孚）汽车公司的前身是建于1884年的自行车制造厂，生产自行车时就使用路虎作为商标名。1904年生产汽车，仍以“路虎”作为汽车品牌。

路虎是世界上最好的四轮驱动车制造商，为世界各地提供全方位不同用途的Land Rover。其品牌的第一款车是在1947年由Spencer和Maurice Wilks兄弟在英国的Rover车厂制造成功，并于1948年在荷兰的阿姆斯特丹首次发布。到20世纪50年代中期，路虎的名字已成为耐用性和出色越野性能的代名词。1970年，经典的Range Rover车型首次亮相，开辟了豪华越野车全新的市场空间。2000年，福特从宝马公司购得路虎品牌。

现在，路虎已经从1948年的实用型车型发展成今天的多功能四驱车，面向的是不断追求全新生活体验的人士。路虎得到了普遍的认可和尊敬，这是其他制造商的汽车无法与之相媲美的。同时，路虎车仍然是其品牌价值的终极体现：直至今天，由路虎公司生产的所有路虎车中，还有四分之三仍然在被使用。

路虎的经典车型有Range Rover、Discovery、Defender和Freelander。

5）沃尔沃

“Volvo”在拉丁文里是“滚滚向前”的意思。始创于1927年的Volvo汽车公司，是北欧最大的汽车企业，也是瑞典最大的工业企业集团，更是世界上20大汽车公司之一。Volvo公司总部设在瑞典的哥德堡。创始人是古斯塔夫·拉森和阿瑟·格不里森。Volvo公司的创始人从公司创建之初就十分强调汽车的使用安全。Volvo轿车的设计真正形成传统，始于PV444型轿车的设计。PV444轿车内部宽敞、动力强劲，获得“家庭运动车”的美誉。

1999年，福特汽车正式收购了沃尔沃的轿车业务，2010年3月28日，位于密歇根州迪尔伯恩市的福特汽车公司宣布，已与浙江吉利控股集团有限公司就沃尔沃汽车集团及相关资产出售达成了确定的协议。

Volvo汽车以质量和性能优异享誉全球，特别在安全性能方面，Volvo汽车公司更有着独到之处。美国公路损失资料研究所曾评比过十种最安全的汽车，Volvo汽车荣登榜首。

（三）克莱斯勒汽车公司

1. 概述

克莱斯勒（Chrysler）汽车公司是美国第三大汽车公司，由沃尔特·克莱斯勒在麦克斯韦尔（Maxwell）汽车公司的基础上，于1925年6月6日创立。公司总部设在美国密歇根州奥本山市。

克莱斯勒公司于1928年收购了道奇兄弟公司。1928年迪索托（DeSoto）和普利茅斯（Plymouth）被合并到了克莱斯勒旗下。克莱斯勒创建各种不同分部的目的是为购买者提供不同价位的选择。普利茅斯提供低价位的汽车，道奇提供中等价位的汽车，而克莱斯勒则提供高价位的汽车。

1987年，克莱斯勒汽车公司并购了美国汽车公司（AMC），成立了鹰·吉普（Eagle Jeep）部。1998年克莱斯勒汽车公司被德国戴姆勒集团以330亿美元价格收购，成立了戴姆勒·克莱斯勒（Daimler Chrysler）汽车公司。这次结盟也被称为“大象婚姻”的结合。

克莱斯勒汽车公司主要拥有克莱斯勒（Chrysler）、道奇（Dodge）、普利茅斯（Plymouth）和吉普（Jeep）等汽车品牌。

2. 公司创始人——沃尔特·克莱斯勒

1908年沃尔特·克莱斯勒到通用汽车公司别克分部工作，由于其技术超群受到杜兰特赏识。1920年克莱斯勒接管了威利斯-奥菲兰德和马克斯维尔汽车公司。

1925年6月6日，克莱斯勒在这两家汽车公司的基础上成立了克莱斯勒汽车公司。公司发展很快，到1927年由汽车产量的第二十七位上升到了第五位。1928年克莱斯勒买下道奇汽车公司和顺风汽车公司，1929年产量上升到第三位。

1935年7月22日，克莱斯勒辞去公司总经理职务，改任董事长，直至1940年8月18日去世。

3. 公司主要汽车品牌

1）克莱斯勒

自1924年开始，克莱斯勒车标改为由银色飞翔标志和金色克莱斯勒印章组成，银色飞翔标志由一个圆环和展翅雄鹰组成，标志着汽车工程与汽车设计从此进入了一个崭新的时代。

2）道奇

道奇汽车公司是由道奇兄弟于1914年创立的，道奇兄弟去世后的1925年，公司卖给了纽约银行。1928年加入克莱斯勒汽车公司而成为克莱斯勒的一个分部。道奇部是克莱斯勒中级轿车生产分部，主要生产运动型轿车。

道奇毒蛇（Dodge Viper）跑车是道奇著名车型，于1992年推出。

3）鹰·吉普

鹰·吉普部是克莱斯勒汽车公司专门生产轻型越野汽车的分部。它是克莱斯勒汽车公司接受美国汽车公司后，于1980年成立的子公司，是世界上最大的越野汽车制造厂。

任务二 欧洲汽车公司及其创始人

（1）了解德国汽车发展概况。

（2）了解德国主要汽车公司以及创始人。

（3）掌握德国汽车公司生产的主要品牌汽车。

任务导入

汽车诞生于德国，德国是世界上的汽车强国，在欧洲汽车工业排名中奔驰、大众、宝马、奥迪、保时捷五大汽车品牌分别位居第1、2、9、18和21位。汽车工业的营业额在德国工业营业额中排名第一，是德国的支柱产业。

一、德国汽车发展史

德国是现代汽车的发祥地，是生产汽车历史最悠久的国家。自从1886年卡尔·本茨发明第一辆汽车至今，德国的汽车工业已经走过了130多年的发展历程。

回顾这130多年的历史，德国也和世界其他国家一样，其汽车工业的发展经历了“发明实验”“不断完善”“迅速发展”和“高科技广泛应用”这四个阶段。而且每一个阶段的发展，一直都与德国的政治、经济、社会文化等领域的重大事件紧密联系在一起。

1）第一阶段——汽车的发明实验阶段（1886—1910）

19世纪70年代，正是西方第二次工业革命浪潮兴起的时候，德国人抓住了从1871年德意志第二帝国统一后的几十年时间，在19世纪末创造了一个奇迹：德国在短短的30年里走完了英国人用了100多年才走完的工业化道路，从而使自己跻身于世界工业化的强国之列。

2）第二阶段——汽车技术不断完善阶段（1911—1940）

到第二次世界大战爆发前，德国的汽车工业已具有相当的基础，戴姆勒–奔驰、奥迪、大众等汽车公司均已形成一定的生产规模。从而为汽车真正成为体现20世纪30年代以后相当长一段时间里世界上产品文化的一个主要载体之一，奠定了基础。

3）第三阶段——汽车工业迅速发展阶段（1941—1960）

这一阶段，对于德国来说，20世纪40年代的前期，汽车工业参与了一场史无前例的战争；40年代的后期，又经历了战后艰难的恢复与获得重生这样一个特殊的阶段；所以直到进入50年代，德国的汽车工业才真正进入迅速发展时期。

1950年，联邦德国的汽车产量达到30万辆。随着国内高速普及汽车以及汽车出口竞争能力的不断提高，汽车产量大幅度上升，尤其以大众公司的“甲壳虫”汽车为代表，标志着德国汽车工业开始进入飞速发展的阶段。

到1960年，德国的汽车年产量已达200万辆，10年内，增长了5.7倍，年均增长率达21%，从此德国成为欧洲最大的汽车生产国和出口国。

4）第四阶段——汽车高科技广泛应用阶段（1961年至今）

这个时期，随着欧洲一体化进程的加快，德国的汽车工业开始进入一个新的发展阶段。

从20世纪60年代开始，联邦德国的汽车工业继续以较高速度增长，经过竞争，汽车厂家由100多家到仅剩下10多家，产量却不断提高。许多现代科技被广泛应用于汽车工业，汽车生产开始进入一个成熟阶段。

1966年，德国的汽车产量被日本超过，排名居世界第三位，并一直保持到现在。

整个20世纪70年代，德国汽车工业的产量一直徘徊在300万～400万辆之间。而整个80年代，德国的汽车产量则一直在400万～500万辆之间波动。到20世纪末的1998年，德国的汽车产量达到了570万辆。

从20世纪90年代后期起，全球汽车业发生的最重要事件莫过于资产重组、联合兼并的浪潮了。这一时期德国汽车业发生的比较引人注目和产生较大反响的重组及联合兼并事件主要有：奔驰与克莱斯勒的合并；大众与宝马收购劳斯莱斯、宾利等。

2004年，德国汽车工业全球范围内生产的汽车超过1 300万辆，占全球汽车产量的20.7%。德国国内生产的汽车557万辆，其中轿车产量520万辆，出口367万辆、进口114万辆。而德国品牌的轿车在海外的生产量则超过了422万辆。目前，德国汽车业主要由五大公司所垄断，它们分别为奔驰（即戴姆勒–克莱斯勒公司）、大众、宝马、欧宝和美国福特汽车公司在德国的子公司。

二、主要汽车公司

（一）戴姆勒·奔驰汽车公司

1. 概述

戴姆勒–奔驰（Daimler-Benz）汽车公司创立于1926年，创始人是卡尔·本茨和戈特利布·戴姆勒。总部设立在斯图加特。它的前身是1886年成立的奔驰汽车厂和1890年成立的戴姆勒汽车公司。他们生产的所有汽车都命名为“梅赛德斯–奔驰

(Mercedes-Benz)”。

戴姆勒-奔驰汽车公司是世界上资格最老的厂家，也是经营风格始终如一的厂家，除以高质量、高性能的豪华汽车闻名外，它还是世界上最著名的大客车和重型载重汽车的生产厂家。

1960年，捷豹购入“戴姆勒”品牌，推出了多款捷豹-戴姆勒车型，并一直使用至今。1989年，美国福特汽车公司并购捷豹。所以戴姆勒商标拥有者一直是福特公司。2007年，戴姆勒公司首席执行官迪特·蔡澈表示，公司已出资2 000万美元从美国福特公司手中购回“戴姆勒”商标，戴姆勒公司可以以公司或者交易目的使用“戴姆勒”品牌，或者加上其他文字作为上市公司名称使用，但不得以该品牌命名汽车产品。市场上仅有福特旗下的捷豹公司产的大型车才使用戴姆勒这一品牌。

1998年5月6日，享誉全球的德国戴姆勒-奔驰汽车公司和美国三大汽车公司之一的克莱斯勒公司共同发表声明，宣布已签署一项总额高达380亿美元的合并协议。这成为历年来汽车制造业最大的一起合并。由此戴姆勒-克莱斯勒公司成为当时全美第二大汽车生产商、世界第五大汽车公司。2007年5月18日，戴姆勒-克莱斯勒集团证实，戴姆勒与克莱斯勒两集团再度分家。

2. 公司创始人

1）卡尔·本茨

1844年11月25日，卡尔·本茨出生于德国巴登-符腾堡州的卡尔斯鲁厄。

本茨于1879年12月31日制造出第一台单缸煤气发动机。1886年1月29日本茨又研制成功了单缸汽油发动机（与对手不同的是，本茨将发动机安装在三轮车架上），发明了第一辆不用马拉的三轮车（现保存在慕尼黑的汽车博物馆）。奔驰汽车公司获得“汽车制造专利权”，正是这一日子，被确认为汽车的生日。

1893年，本茨研制成功了性能先进的“维克托得亚”牌汽车（图3-8）。它采用本茨专利的3 L发动机，方向盘安装在汽车中部。

后来本茨于1894年开发生产了便宜的“自行车”（定价2 000马克）。这种“自行车”销路很好，在一年时间内销出了125辆。由于是世界上第一种批量生产的机动车，因而给奔驰带来了较高的利润。后来，本茨又对前期生产的“维克托得亚”牌汽车进行了改进，将车厢座位设计成面对面的18个，它因此成为世界上第一辆公共汽车。本茨1899年制造出第一辆赛车。

图3-8 “维克托得亚”牌汽车

1906年本茨和他的两个儿子在拉登堡成立了本茨父子公司（在中文中该品牌注册为“奔驰”），奔驰汽车成为世界著名品牌。

2）戈特利布·戴姆勒

戈特利布·戴姆勒（1834—1900），与本茨同称“汽车之父”。

1877年，戴姆勒制作了1.1 kW的小型发动机、带有摩擦离合器的最早的四轮货物汽车和汽艇。

1881年，戴姆勒和同事威廉·迈巴赫开办了自己的工厂。1883年8月15日，两人发明了汽油内燃机。1885年戴姆勒将发动机装在一辆木制的自行车上，世界上第一辆摩托车就此诞生。

1884年戴姆勒制造出一台立式发动机。

1986年戴姆勒在妻子生日时订购了一辆四轮马车，他和迈巴赫一起改造了轮子，在前轮上安装了转向装置，后轮安装了驱动装置，把立式发动机安装在车的中部，该车最高速度达到14.4 km/h，世界上第一辆装有汽油机的四轮汽车就此诞生了，后来这辆车被称为“戴姆勒1号”。

1890年戴姆勒建立了戴姆勒汽车公司，并在英国和奥地利开设分公司。戴姆勒发动机研究院（Daimler Motoren Gesellschaft，DMG）成立，并且，当时戴姆勒信手画的那颗吉祥星开始用于公司的产品上。

当戴姆勒的汽油汽车出现后，法国人雷内·帕哈德和埃米尔·卢瓦瑟对其进行改进，成为发动机前置后轮驱动，通过离合器、变速器、链条驱动差速器、半轴以及车轮的现代汽车雏形。1891年被法国科学院确认为第一辆现代汽车。1895年法国科学家正式为这辆汽车定名“automobile”。

1899年3月，当时担任奥地利驻匈牙利总领事和戴姆勒汽车公司管理委员会委员的艾米·耶里耐克驾驶以女儿梅赛德斯（温文尔雅之意）名字命名的汽车，在“尼斯之旅”汽车大赛上一举夺魁。

1901年，由威廉·迈巴赫设计的“Simplex”牌汽车首次采用“戴姆勒·梅赛德斯”作为商标。

1909年，戴姆勒公司将一颗大三叉星和四颗小三叉星及“梅赛德斯”置于圆环之中；1923年，又将三叉星置于发动机散热器之上。从此，这颗吉祥的三叉星迎风傲立，气度高雅，煞是夺目。

3. 公司主要汽车品牌

戴姆勒–奔驰汽车公司主要拥有梅赛德斯–奔驰（Mercedes-Benz）、迈巴赫（Maybach）、精灵（Smart）三个汽车品牌。

1）梅赛德斯–奔驰

梅赛德斯–奔驰是一家德国汽车公司，也是世界十大汽车公司之一，以生产高质量、高性能的豪华汽车闻名于世。它创立于1900年，公司总部设在德国斯图加特，创建人是被世人誉为“汽车之父”的卡尔·本茨和戈特利布·戴姆勒。在德国其按销售额为第一大汽车公司，按产量则居第二。

从1926年至今，奔驰公司不追求汽车产量的扩大，只追求生产出高质量、高性能的高级别汽车产品。在世界十大汽车公司中，奔驰公司产量最小，不到100万辆，但它的利润和销售额却名列前五名。奔驰的最低级别汽车售价在1.5万美元以上，而豪华汽车则在10万美元以上，中间车型也在4万美元左右。在香港市场，一辆奔驰500SL汽车，售价高达165万港币。

奔驰的载重汽车、专用汽车、大客车品种繁多，仅载重汽车一项，就有110多种基本型。奔驰也是世界上最大的重型车生产厂家，其全轮驱动3850AS载重汽车最大功率可达368 kW，拖载能力达220 t，1984年奔驰公司投放市场的6.5 ～ 11 t新型载重汽车，采用空气制动、伺服转向器、电子防刹车抱死装置，使各大载重汽车公司为之震动。

奔驰公司在德国国内有6个子公司、国外有23个子公司，在全世界范围内都设有联络处、销售点以及装配厂。20世纪80年代，奔驰公司和中国北方工业公司合作，向中国转让奔驰重型汽车的生产技术。现在，北方工业公司已经投入批量生产。

奔驰汽车公司总部设在德国斯图加特，雇员总数为18.5万人。年产汽车60万辆。小汽车新产品有奔驰W124、奔驰R129、奔驰W126几大系列。其中W126系列的560SEC和R129系列的500SL都是十分受欢迎的超豪华汽车。

2）迈巴赫

迈巴赫品牌创始人是机械天才戴姆勒与迈巴赫，生产的四轮车与本茨的三轮马车几乎同时研发成功，且更趋近于近现代汽车。

1889年，戴姆勒、迈巴赫从零开始，由内而外完全自主研发设计出一台搭载汽油发动机的四轮汽车，并于1889年10月的巴黎世博会上将这台车展示给了全世界。

1894年，迈巴赫与戴姆勒之子一起完成了轰动世界的研发，他们的最新内燃机创造性地采用了直列四缸设计，缸体均为铸造，并使用了迈巴赫在1893年刚刚获得的化油器专利技术。毫不夸张地说，19世纪末世界范围内几乎所有名优汽车身上都少不了这台出自迈巴赫的直列四缸发动机。

1919年，迈巴赫父子在四个梅赛德斯轿车的底盘上建造了第一辆试验车W1，并进行了全面的实地测试，这就是第一辆迈巴赫轿车。随后他们又着手开发了W2型汽车发动机，该发动机缸径为95 mm，行程为135 mm，共有六个气缸，最大输出功率为70马力。1921年，卡尔·迈巴赫在柏林车展上公开表示："我要造最昂贵的轿车"。从而正式确立了迈巴赫的市场定位和未来发展方向，迈巴赫也成为汽车家族中最璀璨、最耀眼的一颗星。

很快迈巴赫便开始生产W3轿车，这台车早在设计之初便确定了高端、豪华的产品定位。1921年，迈巴赫发动机公司向所有人展示了这台汽车，它拥有一台直列六缸发动机，最高时速可达105 km/h。W3推出后颇受高端消费者欢迎，总计生产销售300余台，是那个时代最畅销的迈巴赫汽车。

作为超豪华市场的佼佼者，迈巴赫在20世纪二三十年代叱咤风云，成为大佬们选择座驾时的重点考虑对象，也成为无数人心中超豪华车的代名词。为了满足不同客户近乎苛刻的要求，迈巴赫小到每个零配件均可以为客户提供定制服务，1921—1940年间，迈巴赫共计生产与销售了1 800辆汽车。

3）精灵

在20世纪70年代初期石油危机以及环境问题日益严重的背景下，开发一款经济省油、小巧易停的汽车显得日益重要。1972年，奔驰的工程师们迈出了大胆的一步，他们开发出了一款采用混合动力技术、车身长度仅2.5 m的双人座微型概念车。然而，由于该车在安全性方面存在风险，因此这次尝试最终以失败而告终。

奔驰的工程师们没有放弃，9年之后的1981年，他们在前车基础上再次推出了一款都市微型概念车，并定名为NAFA。该车采用推拉门的设计与前置前驱的驱动形式，搭载的是一台排量1.0 L、最大功率41马力的三缸发动机，匹配自动变速箱。然而，NAFA计划也宣告失败，主要原因是奔驰当时对于微型车日后的市场表现没有信心。

1988年，研究人员复活了NAFA计划，将发动机换成电动机制造出NAFA电动概念车，并生产了100辆试运行，但事实证明当时电池的存储容量并不能满足续航里程的需求。1990年年初，两个项目团队同时展开工作，研究将NAFA电动概念车量产的可能性。几年后，其中一个团队开发出了五座版的奔驰A级；另一个团队则与瑞士时尚腕表品牌Swatch（斯沃琪）合作，开发出了Smart车型。

（二）大众汽车公司

1. 概述

大众（Volkswagen）汽车公司是世界十大汽车公司之一，1938年创建于德国的沃尔夫斯堡（Wolfsburg），创始人是世界著名的汽车设计大师费迪南德·波尔舍。现已成为一个在全世界许多国家都有生产厂的跨国汽车集团，大众汽车公司总部曾迁往柏林，现在仍在沃尔夫斯堡。

1938年5月26日，在KDF-Stadt（现称为“狼堡”，大众公司总部所在地）建成了新的工厂，直到1939年开始为第二次世界大战开发军用车型，并生产了大众Type 82E（图3–9），只生产了非常少量的车。

1945年6月，大众汽车公司由英国政府接管，在赫斯特的管理下，甲壳虫（Volkswagen Beetle）投入大量生产（图3–10）。

1949年，英军首领赫斯特离开大众，诺德霍夫带领大众全力进军商业用车领域，1949年，大众第一次出口到美国。

1951年生产的甲壳虫如图3–11。1955年，来自德国国内外的大众职员和经销商一起在沃尔夫斯堡庆祝第一百万辆甲壳虫下线。

1972年2月17日，大众汽车公司打破汽车生产世界纪录。甲壳虫以15 007 034辆的记录，超越福特汽车公司T型车在1908—1927年所创下的传奇记录。

图3–9　大众Type 82E

图3–10　1949年款甲壳虫

图3-11 1951年款甲壳虫

图3-12 1995年款甲壳虫

1973年,新一代大众汽车的首款新车型帕萨特投入生产。

1974年1月,首辆Glof在沃尔夫斯堡亮相。这款紧凑型箱式小客车一经推出便快速风靡,进而成为甲壳虫神话的继承者。

1975年3月,大众经典小型轿车POLO诞生。

1979年,在“高尔夫”基础上改用斜背式车身的捷达车出现。

1991年,大众在北美市场推出第三代高尔夫(1992年被评为欧洲年度车),1994年,高尔夫MK3和第三代捷达(欧洲市场命名为Vento)投放北美市场。

1995年,大众推出新甲壳虫(图3-12),这一代甲壳虫掀起了一股复古风潮,基于Polo平台,外观则和最初的甲壳虫相似。新甲壳虫大卖后,大众又在高尔夫平台上研发出一款更大的车型。

1997年,大众推出Golf MK4,并在此平台上诞生了Bora(宝来),这款车在北美仍命名为捷达。新甲壳虫、奥迪A3、奥迪TT、斯柯达奥克塔维亚相继量产。

在开拓高端市场的思路指引下,20世纪90年代末,大众收购了兰博基尼(归属于奥迪)、宾利和劳斯莱斯三大豪车品牌。

2008年,第六代高尔夫上市(高尔夫掀背版GTI装配了2.0 L涡轮增压发动机)。

2009年,第六代高尔夫被评为欧洲年度车。同期上市的还有一款小型MPV:西亚特阿尔塔(Altea)。第五代捷达(及性能版GLI)(图3-13)也在北美市场上市。

第六代高尔夫(图3-14)是使用小型柴油发动机的经典车型,在达到美国环境保护署(EPA)清洁排放标准的车型中,其燃油效率高居第四位。

图3-13 第五代捷达GLI

图3-14 第六代高尔夫GTI

2009年12月9日，大众与铃木达成战略伙伴联盟，大众收购铃木19.9%的股份。

2011年5月1日，大众田纳西州工厂投产，首款车型帕萨特NMS荣膺2012年度Motor Trend年度车。

2013年，第七代高尔夫被评为欧洲年度车。

2. 公司创始人——费迪南德·波尔舍（图3–15）

图3–15　费迪南德·波尔舍

大众汽车公司创始人是费迪南德·波尔舍（1875—1951）。1894年，19岁的波尔舍来到了维也纳，在一家电力公司进修，并在1897年担任了这家电力公司实验部门的经理。这时他开始接触汽车。

1898年，他设计出可装在汽车车轴上的电动机。1906年，波尔舍转入奥地利戴姆勒公司（由一批奥地利商人购入戴姆勒的专利权，建立的汽车厂），出任总工程师。这一年，他推出了自己设计的第一辆豪华轿车——马佳。

1909年，德国和奥地利举办了第一届“亨利王子杯”汽车赛。车赛从柏林出发，最后到达慕尼黑。波尔舍驾驶自己设计的赛车参赛，获得银牌。

1914年第一次世界大战爆发，波尔舍被任命为斯科达军工厂的技术总监。1917年，波尔舍得到了维也纳工业大学颁发的荣誉博士学位。从此，人们总是叫他波尔舍博士。第一次世界大战结束后，波尔舍继续在奥地利汤姆勒公司任职。

1923年他转入汽车技术的领头羊——德国戴姆勒公司，担任首席工程师和公司董事。

1933年12月16日，保时捷设计公司正式宣告成立。1937年2月，波尔舍和希特勒的亲信维林组建了“德国国民轿车促销公司”，具体着手“国民轿车”的生产、销售的准备工作。1947年，在子女帮助下，波尔舍以“甲壳虫”为基础研发汽车，终于于1948年Porsche问世。

3. 公司主要汽车品牌

大众汽车公司拥有大众（Volkswagen）、奥迪（Audi）、宾利（Bentley）、斯柯达（Skoda）、西雅特（Seat）、兰博基尼（Lamborghini）和布加迪（Bugatti）等品牌（图3–16）。

大众（Volkswagen）

奥迪（Audi）

兰博基尼（Lamborghini）

宾利（Bentley）

保时捷（Porsche）

西亚特（Seat）

斯柯达（Skoda）

布加蒂（Bugatti）

图3–16　大众主要车型

1）大众

大众汽车的德文volkswagenwerk，意为大众使用的汽车。

大众品牌群包括大众客车、斯柯达（Skoda）、宾利（Bentley）和布加迪（Bugatti）四个品牌。

1984年大众汽车在中国建立的首个合资企业——上海大众是国内规模最大的现代化轿车生产基地之一。1991年2月6日中国一汽大众成立。

2）奥迪

奥迪汽车公司现为大众汽车公司的子公司，总部设在德国的英戈尔施塔特（Igolstadt），创始人是奥古斯特·霍希。

奥迪汽车公司主要产品有A3、A4、A6、A8系列和敞篷车及运动车系列等。

代表车型奥迪100，以其优美造型和最低风阻系数赢得了美誉。

如今的奥迪，有60余万辆汽车的生产能力和近300亿马克的年销售收入，共有4万多雇员。2000年年底，一座奥迪博物馆在英戈尔斯塔特举行盛大的开幕典礼，以展示奥迪作为高品质汽车生产商的领袖风范。目前，奥迪公司除了在德国以外，还在匈牙利、南非和中国建立了生产厂，将奥迪的理念向全世界传播。

3）宾利

宾利汽车（在2002年引进中国之前被直译为“本特利”）的创始人是宾利（W.O. Bentley，1888—1971）。1912年宾利和哥哥成为法国DFP汽车的英国总代理，并在此基础上成立了宾利兄弟公司（Bentley and Bentley）。

1919年宾利和弗兰克·伯吉斯、哈里·华莱合作设计一款名为宾利的运动型汽车，宾利兄弟正式组建了宾利汽车公司（Bentley Motors）。

1919年宾利公司成立后，生产出当时速度最快的生产型汽车。这款车型让宾利在创厂前10年内尝到了功成名就的甘甜滋味，其间宾利不仅用宾利3.0 L车型打破了当时绝大多数的耐久与速度纪录，而且在1923年首度举办的勒芒24小时耐力赛中得到了第四名的好成绩，并随后于1924年首度勒芒大赛中击败法国劲敌Bugatti（布加迪）夺下胜利的桂冠，之后还于1927、1928、1929、1930年以4.5 L车型、Speed 6、8.0 L车型连续席卷勒芒耐力赛的冠军，成为勒芒赛事史上的传奇。

1931年宾利公司成为劳斯莱斯旗下子品牌。1998年，宾利被大众收购。

任务三 我国主要汽车公司发展状况

学习目标

（1）掌握我国主要汽车公司的发展简史。

（2）掌握各个公司的品牌标志图案及其含义。

任务导入

1978年，我国汽车产量不足15万辆；2009年，在国际金融危机冲击、全球汽车市场萧条的形势下，我国汽车产销突破千万辆大关，跃居世界第一；2013年，中国品牌乘用车共销售722.20万辆，占乘用车销售总量的40.28%，占有率同比下降1.57%；中国品牌轿车共销售330.61万辆，占轿车销售总量的27.53%，占有率同比下降0.85%。在销量排名前十位的轿车品牌中，已经连续两年没有中国自主品牌。中国品牌与外国品牌的差距仍然很大，中国品牌的未来发展之路依然任重道远，这需要国内汽车企业继续苦练内功，不断提升自主创新能力和品牌竞争力。

从中国第一汽车制造厂奠基算起，我国汽车工业已经走过60多年历程。从无到有，由小到大，我国汽车工业伴随着新中国一起成长，成为世界第一汽车制造大国，走出了一条独特的发展道路。

知识准备

一、第一汽车集团公司

1. 概述

中国第一汽车集团公司（图3–17）简称“中国一汽”或“一汽”，为国有特大型汽车生产企业。一汽的建成，开创了中国汽车工业新的历史。经过60多年的发展，一汽已经成为国内最大的汽车企业集团之一。

图3–17　中国第一汽车集团公司

一汽总部位于吉林省长春市，前身是第一汽车制造厂。一汽于1953年7月15日奠基兴建，1956年7月13日第一辆解放牌CA10型载货汽车诞生。“解放”含有双层含义：一是中国人民的解放；二是中国汽车工业的解放。

1958年5月，试制出东风牌轿车；1958年8月试制出第一辆“红旗”牌高级轿车；1982年12月20日第一制造厂联合了国内300多家企业，以第一制造厂为主体成立了解放汽车工业联营公司，后来改名为第一汽车集团公司；1988年，第一汽车制造厂与德国大众集团的奥迪汽车股份公司签订了技术转让协议，引进奥迪100型高级轿车；1991年，一汽大众汽车有限公司成立；2003年9月，组建天津一汽丰田汽车有限公司；2004年，一汽海马汽车有限公司成立；2011年，2011款奔腾B70上市。

截至目前，中国第一汽车集团公司的生产企业和科研院所（包括全资子公司和控股子公司）已分布到全国14个省、市、自治区的19个城市。形成东北、华北及胶东、西南三大生产基地，生产中、重、轻、轿、客、微多品种宽系列的整车、主机和零部件。一汽包括：

一汽解放汽车有限公司、一汽轿车股份有限公司、一汽大众汽车有限公司、一汽客车有限公司等整车生产企业；一汽技术中心、机械工业第九设计研究院等产品开发和工厂设计科研单位。一汽四环汽车股份有限公司、一汽铸造有限公司、一汽丰田（长春）发动机有限公司、一汽模具制造有限公司、一汽工艺装备有限公司以及一汽进出口公司、一汽实业总公司等均设在长春。第一汽车在长春生产的整车产品有：解放品牌中、重、轻型卡车；红旗牌红旗轿车和奔腾轿车；大众品牌速腾、迈腾、捷达、宝来、高尔夫、开迪轿车；奥迪A4和A6轿车；马自达6轿车；丰田品牌LC200，兰德酷路泽多功能运动车和普锐斯混合动力轿车等。

一汽产销量、营业收入等连续多年位居中国汽车行业前列。2010年，一汽销售汽车255.8万辆，实现营业收入4 179亿元，列“世界最大500家公司”第141名；当年“中国一汽”品牌价值达到653.32亿元。2012年整车销售240多万辆，位居全国第三位。

2. 一汽标志（图3–18）

图3–18　中国第一汽车集团公司标志（AR）

中国第一汽车集团公司以及生产的汽车商标是由阿拉伯数字“1”和汉字“汽”两个字艺术化地组合，构成一只展翅飞翔的雄鹰，同时也是第一汽车制造厂打印在零部件上的一个产品商标。该标志既代表不断进取、展翅高飞的中国一汽精神，又代表了中国汽车工业冲出国门、走向世界的决心。

出口的一汽载货汽车在其前面标有“FAW”字样，意为第一汽车制造厂。

3. 红旗轿车

红旗轿车的历史始于1958年。当年诞生于一汽的我国第一辆国产小轿车并不叫“红旗”，而叫“东风”，定牌为CA71。

1958年7月，中央由于要在新中国成立十周年的庆典上用上国产轿车，向一汽下达了制造高级轿车的任务。一汽从吉林工业大学借来一辆1955型的克莱斯勒高级轿车，进行改造后以手工制成第一辆轿车。

据报道“红旗”这一名字是当年的吉林省委第一书记在全厂万人聚会时正式确定的。随后，中央领导到一汽视察，红旗轿车从此定型（图3–19）。

图3–19　第一辆红旗牌高级轿车（AR）

1959年10月1日，10辆崭新的CA72红旗轿车在首都北京的国庆庆典上登台亮相，国内外竞相报道了中国第一车（图3–20）的消息。从20世纪60年代开始，红旗车的各项技术日臻完善。

图3–20　第一辆红旗检阅车

二、上海汽车工业（集团）总公司

1. 概述

上海汽车工业（集团）总公司（简称“上汽集团”）是中国三大汽车集团之一，主要从事轿车、客车、载重车、拖拉机、摩托车等整车及配套零部件的生产、研发、贸易和金融服务。

1958年9月28日，上海汽车装配厂试制成第一辆凤凰牌轿车。1964年，凤凰牌轿车改名为上海牌轿车，至1975年形成5 000辆年生产能力，上海牌轿车形成系列。1955年12月，上海市内燃机配件制造公司成立；1985年3月21日，上海大众汽车有限公司成立，此后连续30多年领跑国内市场；1995年9月1日，经过一系列的改制，上海汽车工业（集团）总公司诞生；1997年6月12日，上海通用汽车有限公司成立，目前已成为国内乘用车市场第一；2004年10月28日，上汽集团正式收购韩国双龙汽车，成为中国汽车企业跨国并购第一案。

上汽集团除在上海当地发展外，还在柳州、重庆、烟台、沈阳、青岛、仪征、南京、英国长桥等地建立了自己的生产基地；拥有韩国通用大宇10%的股份；在美国、欧洲、日本和韩国等地设有海外公司。上汽集团除直接经营管理汽车零部件、服务贸易等业务外，其核心的整车业务已于2006年10月注入持股83.83%的上海汽车股份有限公司（简称“上海汽车”），目前上海汽车已成为国内A股市场规模最大的汽车公司。

2. 上汽集团标志（图3–21）

图3–21　上汽集团标志

SAIC既是上汽集团（Shanghai Automotive Industry Corporation）的简称，也是上汽集团的价值观（SAIC的含义：S-satisfaction from customer，满足用户需求；A-advantage through innovation，提高创新能力；I-internationalization in operating，集成全球资源；C-concentration on people，崇尚人本管理）。上汽标志的设计非常直白，采用蓝色的圆环背景结合上汽英文SAIC中的“S”字母设计变形而成，在上汽标志将英文字母SAIC放在中间汽车造型的计背景中，可以将标志解读成一个变形的太极，也可以将其看作汽车的轮胎，寓意上汽集团一路向前、高速发展。

三、东风汽车集团公司

1. 概述

东风汽车公司（原“第二汽车制造厂”）始建于1969年，是中国特大型国有骨干企业，总部（图3–22）现设在湖北省武汉市，主要基地分布在十堰、襄阳、武汉、广州等地，主营业务涵盖全系列商用车、乘用车、零部件、汽车装备和汽车水平事业。

1969年9月28日，第二汽车制造厂（简称“二汽”）在湖北省十堰市的大规模施工建设正式拉开序幕。1975年6月，二汽人自主开发的第一个基本车型——2.5 t越野车生产能力建成投产。

东风5 t车是二汽人用自己双手和智慧打造的第一款中型卡车（图3–23），标志着二汽从军用工厂转型为以民用卡车制造为主的企业，它是东风商用车品牌的第一座里程碑，它的响亮名字“东风140–1”已经载入中国汽车工业的史册。

图3–22　东风总部

图3–23　东风5 t车

1991年4月9日，第100万辆东风车下线（图3–24）。

1992年9月1日，二汽正式公告更名为“东风汽车公司”（图3–25）；东风汽车工业联营公司更名为“东风汽车集团”。

2003年6月东风和日产合作建立了迄今为止仍属国内规模最大的合资公司——东风汽车有限公司。就在这一年的9月28日，东风汽车公司总部迁往武汉市。

从1992年与法国雪铁龙联姻成立神龙汽车有限公司、生产富康牌载货汽车以后，东风汽车公司又和法国PSA标致雪铁龙、美国康明斯、韩国起亚、法国雷诺、日本本田和日产等进行多元合作，2013年7月26日，迈上500万辆的经营规模。

东风汽车公司位居2012年《财富》世界500强第142位，2012年中国企业500强第16位、中国制造业企业500强第3位。

图3–24　第100万辆东风车下线

图3–25　二汽正式更名为“东风汽车公司”

2. 东风汽车公司标志

东风汽车公司标志如图3–26所示，品牌标志以艺术变形手法，取燕子凌空飞翔时的剪形尾羽作为图案基础，其主要含义是双燕舞东风。它格调新颖，寓意深远，使人自然联想到东风送暖，春光明媚，神州大地生机盎然，给人以启迪和力量。二汽的“二”字寓意于双燕之中（东风原为中国第二汽车制造厂）。同时还象征着，东风汽车车轮滚滚向前永不停息，冲出亚洲走向世界。

图3–26　东风汽车公司标志

四、吉利汽车集团

1. 概述

浙江吉利控股集团（简称“吉利”或“吉利汽车集团”）始建于1986年，1997年进入汽车行业，不过该年度对于中国汽车工业还有另一个更重要的意义——吉利成为中国第一家民营汽车企业。1998年，吉利第一辆汽车在浙江临海市下线。

2002年，吉利发生了重大转变，它由一家家族化经营的企业，转型成聘请职业经理人的现代股份制企业。2003年3月，浙江吉利控股集团有限公司正式成立。2005年5月吉利成功在香港上市。

2008年，金融“海啸”卷席全球。2010年3月28日，福特正式以18亿美元的价格，将沃尔沃轿车出售给了吉利汽车集团。2010年7月，中国和欧盟政府正式同意了该交易。吉利收购沃尔沃轿车成为迄今为止涉及金额最大的中国车企海外收购案。

吉利在2008年推出了中国龙车型后，随即取消了吉利品牌，原先少量吉利品牌的汽车目前也转到全球鹰品牌下，比如吉利熊猫。目前吉利的主营品牌为吉利全球鹰、帝豪以及英伦。

图3-27　吉利汽车公司标志

吉利多年来专注实业，专注技术创新和人才培养，取得了快速发展。现资产总值超过千亿元，连续5年进入世界500强，连续12年进入中国企业500强，连续9年进入中国汽车行业十强，是国家"创新型企业"和"国家汽车整车出口基地企业"。

2. 公司标志（图3–27）

吉利车标的含义如下。

"椭圆"：象征地球，表示面向世界、走向国际化；椭圆在动态中是最稳定的，喻示及祝愿吉利的事业稳如磐石，在风雨中屹立不倒。

"六个六"：

象征太阳的光芒，只有走进太阳，才能吸取无穷的热量，只有经过竞争的洗礼，才能百炼成钢；

"六六大顺"祝愿如意、吉祥；

吉利一步一个台阶，不断超越，发展无止境；

中华优秀传统文化的底蕴才是吉利不断发展超越的精神源泉；

发展民族工业，走向世界，是吉利不舍不弃的追求。

"内圈蔚蓝"：象征广阔的天空，超越无止境，发展无止境；"外圈深蓝"：象征无垠的宇宙，超越无限，空间无限。

五、中国汽车名人

1. 饶斌（图3–28）

饶斌（1913—1987），吉林省吉林市人，中国汽车工业的奠基人，享有"中国汽车之父"的盛誉。

1952年，饶斌任第一汽车制造厂厂长，带领一汽职工，用三年的时间，高速度、高质量建成中国第一座汽车制造厂，生产出中国第一辆解放牌货车和红旗牌轿车。1956年7月13日，一汽总装线上开出由中国人自己制造的第一批解放牌载货汽车，结束了中国不能自己制造汽车的历史。1960年1月，饶斌调往北京，担任机械部副部长兼六局（汽车轴承局）局长。1965年起任第二汽车制造厂党委书记，带领二汽职工，生产出东风牌货车和越野车。二汽建成投产后，饶斌又调回北京，担任机械部部长。

图3–28　饶斌

饶斌是首次中外合资的倡导者和推动者，提出了汽车工业调整改组和发展规划方案，组织引进先进技术，加速产品转型，结束了汽车产品几十年一贯制的历史；改革开放之初，中央同意引进汽车合资项目，饶斌建议由上海承担，为今天上海大众的辉煌做出了杰出的贡献。

20世纪80年代初，饶斌先后担任机械工业部部长和中国汽车工业公司董事长，主持并推进了汽车工业的技术引进、中外合资经营，汽车工业调整改组。

1987年8月29日，饶斌在上海逝世，享年74岁。

2. 孟少农（图3–29）

孟少农（1915—1988），汽车工程专家，中国科学院院士（学部委员）。他毕生致力于汽车工业建设事业，是新中国汽车工业技术的主要奠基人。他成功地领导了中国第一汽车制造厂、陕西汽车制造厂和东风汽车公司几代产品的研制和开发。

图3–29　孟少农

孟少农1940年毕业于西南联大机械系，后考取留美研究生，曾任美国福特汽车公司工程师。1946年回国，任教于清华大学机械系，创办了汽车专业。1950年，重工业部成立了汽车工业筹备组，孟少农任副主任，为一汽的筹备、建设、建成投产、老产品改进和新产品研发做出了杰出贡献。

孟少农最早提出并重视中国小轿车的开发，在他的倡导下，一汽于1958年试制出中国第一辆东风牌轿车。他为二汽的筹建等也做出了杰出贡献。他于20世纪70年代由陕汽来到二汽，提出：二汽建设不能照搬一汽模式，要闯出新路，产量要大，品种要多，设备要新，技术要先进，生产要专业化。孟少农的指导意见为二汽生产技术和生产发展奠定了雄厚的基础，也为中国汽车工业的发展摸索到一条新的道路。

1988年1月15日，孟少农因病逝世于北京。

项目实施

班级十人一组，利用学校多媒体教室，查找我国的一汽、二汽、上海大众等主要汽车公司的资料，查看它们的发展历史、发展状况以及合资合作状况。

练一练

一、填空题

1. 美国通用汽车公司创始人是__________，总部设在__________。

2. 别克汽车商标中三把利剑的颜色从左到右的顺序，分别是__________、__________、__________。

3. 凯迪拉克汽车标志选用“凯迪拉克”之名是为了纪念__________的创始人。
4. T型车、流水线生产方式是由美国的__________发明的。
5. 美国的第三大汽车公司是__________。
6. 德国的__________和__________被称为“汽车之父”。
7. 甲壳虫属于__________汽车公司。
8. 大众汽车公司创始人是__________。
9. 奥迪汽车公司创始人是__________。
10. 我国一汽厂址在__________。

二、判断题(对的打√,错的打×)

1. 东风汽车公司品牌标志以艺术变形手法,取燕子凌空飞翔时的剪形尾羽作为图案基础。 (   )
2. 1975年6月,二汽人自主开发的第一个基本车型——两吨半越野车生产能力建成投产。 (   )
3. 通用汽车公司创始人是威廉·C·杜兰特。 (   )
4. 出口的一汽载货汽车在其前面标有“FAW”字样,意为第一汽车制造厂。 (   )
5. 一汽总部位于吉林省长春市,前身是第一汽车制造厂。 (   )
6. 高尔夫是大众公司生产的。 (   )
7. 我国第一辆国产轿车就是“红旗”牌轿车。 (   )
8. 东风汽车公司1992年与法国雪铁龙联姻成立神龙汽车有限公司。 (   )
9. 绅宝是北汽生产的品牌轿车。 (   )

4

项目四　汽车商标文化

项目概述

一辆汽车从你身边呼啸而过，你看到车上的商标，就知道了这辆车是属于哪个厂家的、它的性能如何、价位是多少，车的主人的身份、职位等。所以从一定程度上讲，汽车是一个人身份的象征。本项目我们将一起来学习汽车商标的意义，它的文字部分、图标部分的具体含义，学完以后，将会对汽车商标有一个更深入的认识。

任务一　汽车商标的由来及作用

学习目标

（1）掌握汽车商标的概念。

（2）掌握汽车商标的作用。

任务导入

安德鲁·雪铁龙1878年在法国巴黎出生的时候，他的家人无法预见在几十年后，他所开创的雪铁龙汽车品牌会使家族的名字家喻户晓。1900年，安德鲁从Polytechnic技术学院毕业。1912年，他开办了“V形齿轮厂”，当时他生产了一批双螺旋齿轮。1919年，安德鲁建造了以自己名字命名的汽车工厂“CITROEN”，而厂标的双“V”形图案就是为了纪念当年的齿轮厂。后来，雪铁龙曾组织过横穿非洲大陆和横越亚洲大陆的两次旅行，使雪铁龙汽车名声大振。法国人生性开朗，爱赶时髦，喜欢新颖和漂亮，“雪铁龙”轿车就表现了法兰西的这种性格，每时每刻都在散发着法国的浪漫气息。

知识准备

一、汽车品牌和商标概述

1. 品牌概念

品牌是一个名字、术语、符号或设计，或者是以上四种组合，可用以识别一个或者一群出售者的产品或劳务，并以此区别于其他竞争者。

品牌包括品牌名称和品牌标志。品牌名称为品牌中可以称呼的部分，如“宝马”“兰博基尼”等。品牌标志是品牌中易于识别，但是无法以口语称呼的部分，包括记号、图案、独特的色彩或字体，如“宝马”的品牌标志是“中间的蓝白相间图案，代表蓝天、白云和旋转不停的螺旋桨”；“兰博基尼”的品牌标志是“一头公牛”。

2. 汽车商标

汽车商标就是利用文字和图画符号，向人们表达它所象征的意义，使人们在见到某种汽车商标后产生一定的联想，以帮助生产者实现营销“诉求”，帮助消费者理解产品生产者所诉求的内容（质量或其他特性），并分辨不同的商品。

二、汽车商标的由来

汽车市场上，消费者不得不面对众多功能近似、价格相近、颜色相同、款式接近的汽车。为了有效地区别这些汽车，生产者采用一种受法律保护的、独一无二的符号，以文字、图画或文字与图画合一的形式，无声地向目标消费者传达汽车生产商的保证和其他信息。汽车商标是汽车公司特定的信息载体，消费者根据这些符号能方便地识别出不同的汽车，并能够逐步将这些特定符号与特定的汽车评价（如豪华、档次、轻便、安全、节油、价廉等）联系起来。

三、汽车商标的作用

1. 传播汽车信息

研究表明，消费者总是以汽车商标词汇的发音和图像的意义来区分汽车的。由于人们读出文字比用语言表达某种汽车要容易得多，所以世界上近30%的汽车商标是文字商标。汽车企业通常通过各种媒介宣传其商标及其意义，力图让消费者在记住商标的同时能够联想到企业的“宣传”或“保证”。

2. 识别记忆汽车品牌

汽车商标所表现的各种客体在形象上都有广泛的知名度，影响着人们对标有该商标的汽车的兴趣和购买欲望。这就是为什么有那么多的汽车商标上出现了雄狮、皇冠、飞马等众所周知的象征物的原因。从传播学的角度讲，汽车商标在帮助人们理解差别甚至创造差别的过程中，必须借助其他手段，如外部造型、颜色、气缸排量、动力性、安全性等。但如果不借助于汽车商标，消费者会难以认出甚至不可能分辨出最普通的汽车。

3. 刺激购买欲望

汽车企业或产品的商标能够通过一定的形象借喻，向消费者传达直接或间接的商品信息，以刺激购买。

4. 指明汽车门第

一般情况，汽车商标不一定表明出处或产地，但是目前世界上知名的汽车商标总是不可避免地带有某个特定的文化背景，所以，消费者常常认为，汽车商标与其所代表的汽车产生于相同的文化背景。在许多情况下，知名人士、汽车企业创始人的名字或姓氏等也常用来作为商标，如林肯、福特、劳斯莱斯等。

四、汽车商标的特征

1. 用人们了解的客体来表现

大部分汽车商标是用人们广泛了解的客体的通用象征来表现的。例如，美国通用的“凯迪拉克”豪华汽车商标是用底特律发展史上有卓越贡献的安东尼·门斯·凯迪拉克的名字命名的（英文“Cadillac”）。该车标志由冠和盾组成，设计别致、色彩鲜艳、形象高雅、寓意深刻：冠与冠上的7颗珍珠象征着凯迪拉克先生的皇家贵族血统，比喻凯迪拉克汽车的华贵与高雅；标志上的盾象征凯迪拉克先生金戈铁马、英勇善战，比喻凯迪拉克汽车拥有强大的市场竞争力；标志中的盾形纹章表达出底特律人的精神和荣誉。

2. 间接提供产品信息

有的汽车商标在设计上有意提供产品间接信息，这些间接信息可帮助人们很快联想到特定汽车的性能，如动力、速度、安全等。例如，由本茨创建的德国奔驰汽车公司始终致力于追求高性能的目标，以生产优质、舒适和华贵的汽车享誉世界。奔驰汽车的标志是简化了的形似方向盘的一个环形圈围着的一颗三叉星，三叉星表示在海陆空领域全方位的机动性，环形圈表示奔驰汽车行销全球的愿望。该图案简洁朴实、容易识别，是汽车商标的经典之作。

3. 反映汽车的人文精神

有的商标在心理上有意或无意地与汽车文化无关，它们或者使用创业者的名字，或者使用公众熟悉的事物或者人名，效果也很好。例如，德国大众公司集团奥迪分部生产的奥迪牌汽车，其标志是四个连环圆圈，它是其前身——汽车联合公司于1932年成立时开始使用的同一车牌标志。四个圆环表示当初公司是由四家公司合并而成的。从该标志的图形看，似乎是四兄弟手挽手走向未来，体现出团结的力量；四个圆环的半径相等，象征公司平等、互利和协作的敬业精神。

福特汽车公司生产的福特牌汽车的标志是以英文“Ford”为主体的椭圆形、蓝底白字图案，并形象化地构成一只充满活力的小白兔。其构思简朴、设计美观，犹如在温馨的大自然中，一只活泼可爱、雄健温顺的小白兔在向前飞奔。再如美国的“林肯”“雪佛兰”，意大利的“罗密欧”“布加迪”“法拉利”，法国的“雷诺”，英国的“劳斯莱斯”，中国的“夏利”“富康”“云雀”等。

世界上的汽车商标一方面有共同的规律可循，但是另一方面又受到不同文化背景的影响。表现这种影响规律的手段就是千差万别的具体图案和具体词汇，从其中可以窥探出迥然不同的商标心理。

（1）学会欣赏汽车商标。

（2）了解常见的汽车商标图案意义。

任务导入

每个汽车品牌都有其不同的发展背景和其独有的标志设计。可能你不爱车，但你能不费吹灰之力一眼认出几个车标来，可是在这些背后，关于它们的来历、人物、时间……那些往往具有传奇色彩的丰富内涵，却不像标志那样为人所知。

图4–1　阿斯顿·马丁汽车商标

马丁曾驾驶自己制造的赛车在阿斯顿·克林顿山举行的山地汽车赛中获胜，为了纪念胜利，1923年马丁把公司和它的产品都改名为阿斯顿·马丁。胜利带来荣誉却没能带来利润，公司业绩不佳被反复转卖。其标志为一只展翅飞翔的大鹏，分别注有阿斯顿、马丁英文字样（图4–1）。喻示该公司像大鹏一样，具有从天而降的冲刺速度和远大的志向。

一、美国汽车商标欣赏

美国汽车创始人在自己的汽车名称中赋予他们喜欢的词汇，比如金牛座、土星、野马等，这说明在美国，人与汽车的关系带有明显的个性特征，商标变成了另一类型的汽车名称。

1. 凯迪拉克汽车商标

起初的凯迪拉克汽车商标（图4–2a）上为冠、下为盾，周围为郁金香花瓣构成的花环。冠上的7颗珍珠显示出了皇家贵族的尊贵血统，盾象征凯迪拉克军队的英勇，花环表示荣誉。喻示着凯迪拉克牌汽车的高贵和气派。

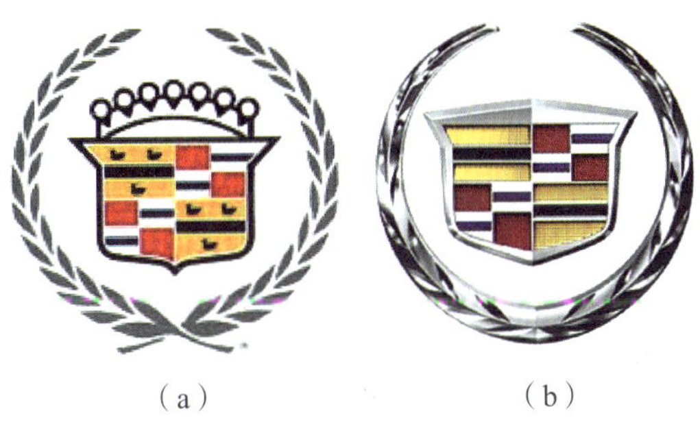

（a）　（b）

图4–2　凯迪拉克汽车商标（AR）

凯迪拉克汽车标志选用“凯迪拉克”之名是为了向法国的皇家贵族、探险家，美国底特律城的创始人安东尼·门斯·凯迪拉克表示敬意。

进入21世纪，凯迪拉克使用了新版商标（图4–2b），新标记整体以铂金颜色为底色，而花冠则保留了原有的色彩组合，删除了六只小鸟的图案。新标志比喻凯迪拉克汽车的高贵、豪华、气派和潇洒，用凯迪拉克骑士们的英勇善战、攻无不克，比喻凯迪拉克汽车具有巨大的市场竞争力。

2. 别克汽车商标

别克汽车商标（图4–3）是三把颜色不同（从左到右红、白、蓝三种颜色）、依次排列在不同高度上的利剑，表示积极进取、不断攀登的意念；表示别克部采用顶级技术，刃刃见锋；也表示别克部培养出的人才个个是“游刃有余、无坚不摧、勇于登峰”的勇士。别克轿车的英文车标来源于该公司的创始人的姓氏。

3. 奥兹莫比尔汽车商标

奥兹莫比尔文字由奥兹（Olds）加上莫比尔（Mobile）得来。奥兹是公司创始人的姓，莫比尔在英文中是机动车的意思，所以奥兹莫比尔就是奥兹的机动车。商标（图4–4）是红色底面上有一架简化的飞机，周围绘有白、黄两种颜色的花边。飞机图案象征图形表示该公司积极向上和勇往直前的精神，也象征该部的汽车像飞机那样快速而舒适。

4. 庞蒂亚克汽车商标

庞蒂亚克汽车商标（图4–5）由字母和图形两部分组成。字母“PONTIAC”，取自美国密歇根州的一个酋长的名字，同时也是靠近底特律市的一座小城市（为纪念酋长而命名）的名字；图形车标是带十字标记的箭头。而十字形标记，则表示庞蒂亚克是通用汽车公司的重要成员，也象征庞蒂亚克汽车安全可靠；箭头则代表庞蒂亚克的技术超前和攻关精神。

图4–3　别克汽车商标

图4–4　奥兹莫比尔汽车商标

图4–5　庞蒂亚克汽车商标

5. 雪佛兰汽车商标

1908年，杜兰特在一次环球旅行途中，在一家巴黎酒店的墙纸上意外地发现了一个“金领结”图案，他认为这个图案可以作为汽车的标志，于是就撕下了墙纸的一角并展示给朋友们看。后来这个有趣的“金领结”图案就演变成了畅销全球的雪佛兰汽车的标志。

图4–6　雪佛兰汽车商标

雪佛兰商标（图4–6）是抽象化了的蝴蝶领结，在西方社会里，领结是人们喜爱的饰物，不但体现着大众化，更标志着贵族气派与优质的服务精神，象征着雪佛兰汽车的大方、气派和风度。

6. 克莱斯勒汽车商标

克莱斯勒汽车公司起初的商标（图4–7a）像一枚五角星勋章，它体现了克莱斯勒家族和公司员工们的远大理想和抱负，以及永远无止境的追求和在竞争中获胜的奋斗精神。五角星的五个部分，分别表示亚、非、欧、美、澳五大洲都在使用克莱斯勒汽车公司的汽车，寓意克莱斯勒汽车公司的汽车遍及世界各地。

自1924年开始，克莱斯勒车标（图4–7b）改为由装在水箱盖上醒目的银色飞翔标志和刻在水箱罩上的金色克莱斯勒印章组成，银色飞翔标志由一个圆环和展翅雄鹰组成。雄鹰展翅表现了鹰的风格、气质、勇敢等，象征着公司开拓进取、不断腾飞，走向辉煌的形象，标志着汽车工程与汽车设计从此进入了一个崭新的时代。

（a）

（b）

图4–7　克莱斯勒汽车商标

7. 吉普商标

“Jeep”的名字来历，已经无法确切地考证。一种说法是：为了对付希特勒的闪电战术，美国陆军向美国至少135个厂家发出承制招标，要求研制轮式轻型通用车辆。在厂家提交当时代号为“GP”的样车到军方试验车场时，管理车场的美国大兵按照习惯要给每一种试验车辆取一个绰号，所以就按GP的谐音取名为“Jeep”这种响亮的发音。吉普品牌（图4–8）现属于克莱斯勒公司。

鹰·吉普部是克莱斯勒汽车公司专门生产轻型越野汽车的分部。鹰·吉普部的商标是一只展翅的雄鹰（图4–9）。

图4–8　吉普商标

图4-9　鹰·吉普部商标

图4-10　道奇汽车商标

鹰在美国被誉为神鸟，也是对著名战斗机飞行员的俗称。用鹰比喻该部具有雄鹰的优秀品质，能迎风斗险、勇攀技术高峰。

8. 道奇汽车商标

“道奇”文字商标采用道奇兄弟的姓氏“Dodge”，图形商标是在一个五边形中有一神气的羊头形象，在汽车上使用小公羊、大公羊两个商标（图4–10）。该商标象征“道奇”车强壮剽悍、善于决斗，表示道奇部的产品朴实无华、美观大方。不过现在注重内在豪华、舒适但外表朴实憨厚的它已经成为各地富商名流的不二选择。

9. 福特汽车商标

福特汽车商标（图4–11）是采用创始人福特的英文名字Ford字样，蓝底白字。由于福特喜欢小动物，所以标志设计者为了迎合其嗜好，就将英文Ford设计成形似奔跑的小白兔形象，象征福特汽车奔驰在世界各地，令人爱不释手。

10. 野马汽车商标

福特野马标志（MUSTANG）（图4–12）采用了一匹正在奔驰的野马，表示该车的速度极快。Mustang是美国加利福尼亚州和墨西哥出产的一种名贵的野马，以它作为车标，象征着青春洋溢、无拘无束的神韵，该车成为经久不衰的全美名牌跑车。

11. 土星汽车商标

土星汽车商标由图形和文字组成（图4–13）。土星是太阳系中的一颗行星，有一条美丽的光环围绕着它，商标中的图案就表现了这颗行星的局部。在红色背景前，显出了两条星球运行的轨迹，也像高分子运行的轨迹。其含义在于开发高科技材料，追求高科技产品、新成果的结晶。该标志给人一种高科技、新观念、超时空的感觉，寓意土星汽车技术先进，设计超前且最具时代魅力。SATURN是土星的英文名。

图4–11　福特汽车商标

图4–12　野马汽车商标

图4–13　土星汽车商标

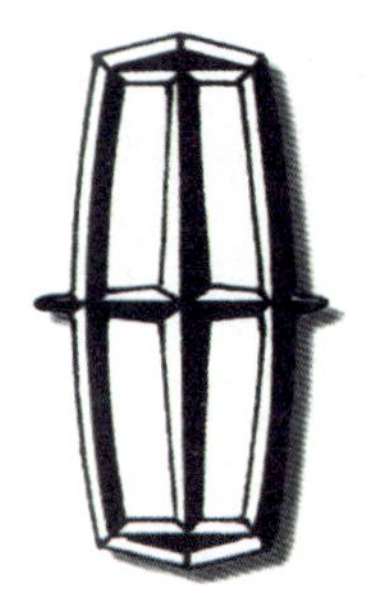
图4–14　林肯汽车商标

图4–15　水星汽车商标

图4–16　普利茅斯汽车商标

12. 林肯汽车商标

林肯汽车商标（图4–14）用林肯总统的名字来树立公司的形象，显示该公司生产的林肯轿车是顶级轿车。林肯车也是第一个以美国总统的名字命名，并为总统生产的汽车。镶嵌在车头正中矩形中围绕的十字星，象征着尊严和庄重，也喻示福特·林肯牌轿车光辉灿烂（隶属福特旗下）。

13. 水星汽车商标

水星汽车商标（图4–15）名字取自太阳系中的水星，在一个圆中有三个行星运行轨迹，很容易让人联想到福特汽车具有太空科技和超时空的创造力。

14. 普利茅斯汽车商标

普利茅斯汽车商标（图4–16）是为了纪念第一批英国僧侣在1620年乘坐"五月花"号船自"Plymouth"港口登陆而设计的。商标中采用了他们所乘坐的帆船——"珠夫拉瓦"号的船形图案。

15. 沃尔沃汽车商标

图4–17　沃尔沃汽车商标

Volvo是拉丁文，意思为"滚滚向前"。沃尔沃的标志（图4–17）被称为"铁标"（Iron Mark），由Volvo字母、一个铁环和一条斜线组成。外围的铁环代表了著名的瑞典钢铁工业，象征着沃尔沃汽车的坚固耐用性。铁环上的箭头是罗马神话中战神Mars的符号。而贯穿上下的斜线，最初是用来将铁环固定在前格栅上，后来慢慢被人们看作安全带的象征。对沃尔沃而言，这一现代的企业品牌标志也代表沃尔沃对客户所做出的安全、品质、环保、设计的承诺。

二、德国汽车商标欣赏

德国人历来崇尚质量和精益求精，把汽车生产当作一门艺术对待，所以，德国的一些公司如德赛梅斯–奔驰、宝马，对自己的汽车型号没有使用词汇，而仅用了数字的组合。从传播角度看，数字和字母方式的汽车商标强调的是纯粹的技术质量，但是对未购车者没有什么说服作用。德国传统的汽车商标中，有24%的提供了产品的直接信息，15%的包含了某些汽车形象与普遍了解的事情形象，它们多数是军衔和公爵封号名称；不包含任何产品信息的占61%左右，它们中以创业者姓名命名居多。近年来德国工业中出现了关于速度、安全、舒适等与现代观念相协调的文字商标，主要是适应品牌世界化的需要。

1. 奔驰汽车商标

奔驰的标志最初是Benz外加麦穗环绕。1926年，戴姆勒与奔驰合并，星形的标志与奔驰的麦穗终于合二为一，下有Mercedes-Benz字样，梅赛德斯“Mercedes”是幸福的意思，意为戴姆勒生产的汽车将为车主们带来幸福。后将麦穗改成圆环，并去掉了Mercedes-Benz的字样。

而随着这两家历史最悠久的汽车生产商的合并，厂方再次为商标申请专利权，而此圆环中的星形标志演变成今天的图案：简化了的形似汽车方向盘的一个环形圈围着一颗三叉星（图4–18）。三叉星表示在陆海空领域全方位的机动性，环形图显示其营销全球的发展势头。同时该车标也意味着在这颗吉祥之星（三叉星）的照耀下，奔驰也将永远走在时代的最前沿。该商标一直沿用至今，并成为世界十大著名的商标之一。

图4–18　奔驰汽车商标（AR）

2. 迈巴赫汽车商标

迈巴赫汽车商标（图4–19）由两个交叉的M，围绕在一个球面三角形里组成。品牌创建伊始的两个M代表的是Maybach和Motorenbau的缩写，而现在两个M代表的是Maybach和Manufaktur的缩写。

3. 精灵汽车商标（图4–20）

精灵汽车是在20世纪70年代初期石油危机以及环境问题日益严重的背景下，由奔驰工程师开发出的一款经济省油、小巧易停的汽车。它是奔驰工程师与瑞士时尚腕表品牌Swatch（斯沃琪）合作开发出的smart车型。

4. 保时捷汽车商标

保时捷的英文车标PORSCHE采用公司创始人费迪南德·保时捷的姓氏。商标（图4–21）采用公司所在地斯图加特市的盾形市徽。商标中的“STUTTCART”字样在马的上方，说明公司总部在斯图加特市；商标中间是一匹骏马，表示斯图加特这个地方盛产一种名贵种马；商标的左上方和右下方是鹿角的图案，表示斯图加特曾是狩猎的好地方；商标右上方和左下方的黄色条纹代表成熟了的麦子颜色，喻指五谷丰登，商标中的黑色代表肥沃土地，商标中的红色象征人们的智慧和对大自然的钟爱。由此组成一幅精湛意深、秀

图4–19　迈巴赫汽车商标

图4–20　精灵汽车商标

图4–21　保时捷汽车商标

图4–22　宝马汽车商标

图4–23　大众汽车商标

气美丽的田园风景画，象征“保时捷”辉煌的过去和美好的未来。

5. 宝马汽车商标

宝马汽车商标（图4–22），在双圆环的上方标有BMW字样，这是公司全称（Bayerische Motoren Werkbag）的首位字母缩写。商标内圆为蓝白相间的螺旋桨图案，代表着在蓝天白云和广阔时空旅途中运转不停的螺旋桨，象征该公司源远流长的历史和在航空发动机技术方面的领先地位；象征该公司在广阔的时空旅途中，以创新的科技、先进的观念，满足消费者最大的愿望，反映了宝马公司蓬勃向上的气势和日新月异的面貌。

宝马为意译，寓意该车犹如一匹宝马，使人在驾驶中享受到淋漓尽致的心情。

6. 大众汽车商标

大众汽车商标（图4–23）是德文Volkswagen Werk单词中的两个字母V和W的叠合，并镶嵌在一个大圆圈内，然后整个商标又镶嵌在发动机散热器前面格栅的中间。图形商标形似三个“V”字，像是用中指和食指做出的V形，表示大众公司及其产品“必胜–必胜–必胜”。

7. 奥迪汽车商标

奥迪的商标（图4–24）来源于代表合并前的四家公司——奥迪（Audi）和霍希（Horch）汽车公司、漫游者汽车公司（Wanderer）以及蒸汽动力车辆厂，这四家汽车公司于1932年合并为汽车联盟股份公司。商标图案是四个连环圆圈，有“团结就是力量”的意味。半径相等的四个紧扣着的圆环，象征公司成员平等、互利、协作的亲密关系，象征“兄弟四人紧握手”。

8. 欧宝汽车商标

欧宝汽车商标（图4–25）是由图案和文字两部分组成，文字“OPEL”是创始人欧宝的姓氏。图案标示“闪电”代表公司的技术进步和发展，又像闪电一样划破长空，震撼世界，喻示欧宝汽车如风驰电掣，力量和速度无与伦比，同时也炫耀它在空气动力学方面的研究成就，展现欧宝公司永远充满着生机与活力。

9. 劳斯莱斯汽车商标

劳斯莱斯汽车商标（图4–26）中双R指劳斯（ROLLS）与莱斯（ROYCE）姓名的第一个字母，两个字母交叉，表示你中有我，我中有你，团结奋斗，携手共进。

图4–24　奥迪汽车商标

图4–25　欧宝汽车商标

图4–26　劳斯莱斯汽车商标

劳斯莱斯车前飞翔女神像（图4–27）的创意取自巴黎卢浮宫艺术品走廊中一尊有2 000年历史的胜利女神雕像，两臂后伸，身披带纱，表示速度之神。

图4–27　飞翔女神像

10. 兰博基尼汽车商标

兰博基尼汽车商标（图4–28）是一头蛮劲十足的斗牛，正准备向对手发动猛烈的攻击。据说公司创始人兰博基尼（出生在金牛座）就是这种不甘示弱的牛脾气，也体现了兰博基尼汽车大功率、高速运动型轿车的特点。

11. 宾利汽车商标

宾利汽车商标（图4–29）以公司名的第一个字母“B”为主体，生出一对翅膀，似凌空翱翔的雄鹰，喻示着宾利汽车公司在全球范围内的飞跃发展。

12. 布加迪汽车商标

布加迪汽车商标（图4–30）中的英文字母即创始人布加迪的名字，上部EB为埃多尔·布加迪（Ettore Bugatti）英文拼音的缩写，周围一圈小圆点象征滚珠轴承。

图4–28　兰博基尼汽车商标

图4–29　宾利汽车商标

图4–30　布加迪汽车商标

三、英国汽车商标欣赏

英国消费者对自己的汽车常常能够注入非常细腻的情感，因此英国人常把汽车当作活的东西来理解，英国汽车商标使用词汇比使用数字要多，英国工业以自己的产品而自豪，而汽车消费者也分享了这份情感。在英国人眼中，汽车应当具有辉煌且雅致的形象；同时，由于汽车多数是多功能的，因此人们认为如果固定地使用包含直接信息的商标则可能不完善。在英国，间接反映汽车速度的象征物比较多，比如美洲豹、金雀、虎等常被英国汽车作为象征物使用。在英国汽车商标中，也能体验到一些浪漫主义的氛围。另外，英国人相信在汽车工业中创立者的姓名是产品质量的保证，所以用公司创立者的姓名作为商标的比例也比较高。

1. 捷豹汽车商标

捷豹又名美洲虎，因为广东话发音原因，香港人还把英文JAGUAR称为“积架”。它的汽车商标（图4–31）被设计成一只纵身跳跃的美洲虎，造型生动、形象简练、动感强烈，蕴含着力量、节奏与勇猛。

2. 莲花汽车商标

莲花汽车商标（图4–32）是在椭圆形底板上镶嵌着抽象了的莲花造型，上面除了有"莲花"（LOTUS）字样外，还以创始人查普曼姓名全称（A. C. B. CHAPMAN）的四个英文字母"A. C. B. C"叠加在一起而成。

3. 路虎汽车商标

路虎是北欧的一个民族。路虎汽车商标（图4–33）采用一艘正在行驶的海盗船图案，张开着的风帆象征着公司乘风破浪、所向披靡的大无畏精神。图案中ROVER原是北欧的一个勇敢善战的海盗民族，在此也代表着路虎汽车的力量、耐久性与冒险。

兰德·路虎是全球著名的越野汽车，标志就是英文"LAND ROVER"（图4–34）。整个标志的主色调为绿色与乳白色，椭圆形的外形象征人类生活着的地球。三个环象征完美，有一种向外延伸的动感，内部有"LAND ROVER"字样，乳白色凸显于绿色之中，带给人一种纯净、素洁的感觉，而绿色的背景，由左上至右下由明到暗地渐变，展现出它独特的立体感，整个车标柔和、自然。

图4–31　捷豹汽车商标

图4–32　莲花汽车商标

图4–33　路虎汽车商标

图4–34　兰德·路虎商标

四、法国汽车商标欣赏

在法国，汽车不仅体现所有者个性意义，还是强化民族自豪感和生产者国家尊严的象征，所以在商标上会反映出这种民族感。有资料表明，在法国，对于最普通的汽车，人们喜欢最平淡无奇的字母、数字组合商标，这种商标给人留下的想象空间小，不需要汽车所有者显示其知识和身份；而对于高档汽车，人们则倾向于选择词汇和图像商标，以显示民族自豪感和所有者的身份地位。

1. 标致汽车商标

标致汽车商标（图4–35）是一只站立的雄狮。狮子商标源自标致祖先到美洲、非洲探险发现了狮子，从而狮子被作为标致家族徽章，后来又成为蒙贝利亚尔省的省徽。再后来用到汽车上。狮子历来是雄悍、英武、高贵的象征，衬托出标致汽车的力量和节奏，富有时代感。预示着标致汽车像雄狮那样威武、敏捷，永远保持着旺盛的生命力。

图4–35　标致汽车商标

2. 雪铁龙汽车商标

雪铁龙的车名是以创始人安德烈·雪铁龙的姓氏命名的，由于雪铁龙的前身是雪铁龙齿轮公司，并且其创始人于1900年发明了人字斜齿轮，并获得了专利。所以雪铁龙汽车商标（图4–36）是以前身生产的齿轮为背景，由两个人字形轮齿构成，象征人们密切合作，同心协力，步步高升；同时反映出法国人生性开朗，爱赶时髦，喜欢新颖和漂亮的性格。

3. 雷诺汽车商标

起初的雷诺汽车商标（图4–37a）是四重菱形图案，象征雷诺三兄弟与汽车工业融为一体，表示“雷诺”能在无限的空间中竞争、生存、发展。1992年商标改为三个菱形合一（图4–37b）。

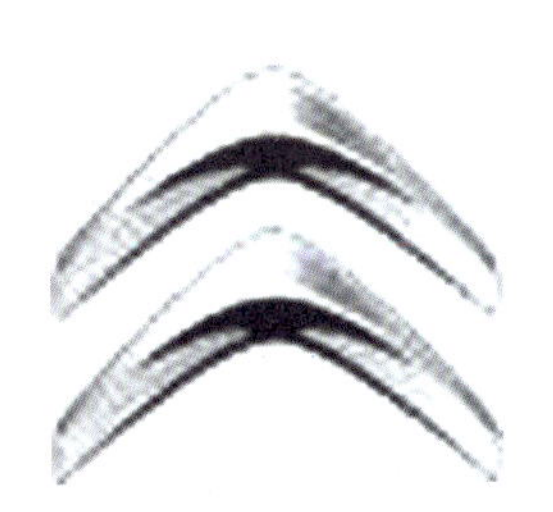

图4–36　雪铁龙汽车商标

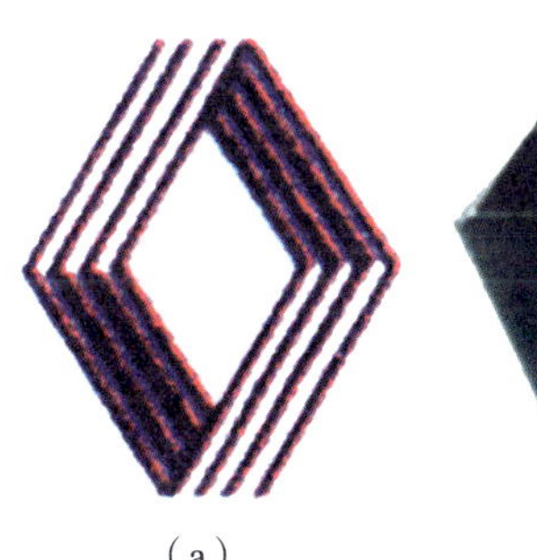

（a）　（b）

图4–37　雷诺汽车商标

五、日本汽车商标欣赏

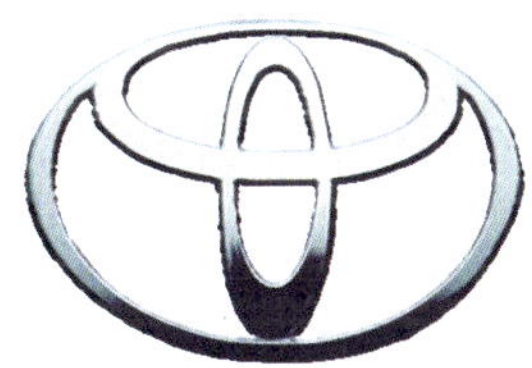

图4–38　丰田汽车商标

1. 丰田汽车商标

丰田汽车商标（图4–38）是将三个椭圆巧妙组合，大椭圆表示地球，大椭圆内的两个椭圆垂直交叉组合成一个“T”字，代表丰田汽车公司；每个椭圆都是以两点为圆心绘制的曲线组成，象征用户的心与汽车厂家的心是连在一起的，具有相互信赖感。

图4–39　雷克萨斯汽车商标

2. 雷克萨斯汽车商标

雷克萨斯汽车商标（图4–39）是在一个椭圆中镶嵌英文“Lexus”的第一个大写字母L，喻示该车像一匹黑马，驰骋在世界各地的道路上。因为Lexus的读音与英文“豪华（Luxe）”一词相近，使人联想到该车是豪华轿车。

图4–40　本田汽车商标

3. 本田汽车商标

本田汽车商标（图4–40）图案中的H是“本田”拼音HONDA的第一个字母，采用三弦音箱式设计，体现了本田公司年轻、技术先进、设计新颖的特点，并把技术创新、团结向上、经营有力、紧张感和轻松感表现得淋漓尽致。

4. 大发汽车商标

大发汽车商标（图4–41）是红色底面上有一大写的“D”。“D”取自大发“DAIHATSU”的第一个字母，商标把大发拼音的“D”图案化，寓意着大发汽车公司“永葆青春活力”，喻示着公司的向上发展。

5. 三菱汽车商标

三菱汽车商标（图4–42）是岩崎家族的家族标志，后来逐渐演变成今天的三菱钻石标志，以突显其深邃灿烂的菱钻式的造车艺术和公司的三条原则：承担对社会的共同责任、诚实与公平、通过贸易促进国际谅解与合作。

6. 日产汽车商标

“NISSAN”是日本产业的简称。日产汽车商标（图4–43）是将NISSAN放在一个火红的太阳上，简明扼要地表明了公司的名称，突出了所在国家的形象，这在汽车商标文化中独树一帜，其含义是以人和汽车的明天为目标。

图4–41　大发汽车商标

图4–42　三菱汽车商标

图4–43　日产汽车商标

图4–44　现代汽车商标

图4–45　起亚汽车商标

图4–46　大宇汽车商标

六、韩国汽车商标欣赏

1. 现代汽车商标

现代汽车商标（图4–44）由一个大写的H和圆组成。H是现代汽车公司名称Hyundai的第一个大写字母。椭圆既代表汽车的方向盘，又可以被看作地球；椭圆与H结合代表现代汽车遍布全世界，体现了现代汽车公司在世界上腾飞这一理念。

2. 起亚汽车商标（图4–45）

起亚的名字源自汉语，“起”代表起来，“亚”代表在亚洲。因此，起亚的意思，就是“起于东方”或“起于亚洲”，走向世界。

3. 大宇汽车商标

大宇汽车商标（图4–46）是正在开放的花朵组成的椭圆，像高速公路向未来无限延伸。椭圆代表世界；中部五条蓝色条纹和六条白色条纹，表示大宇在众多领域无限发展的潜力，蓝色代表年轻、活泼，白色代表同心协力和牺牲精神。

七、我国汽车商标欣赏

1. 红旗轿车商标

早期的红旗轿车，在发动机舱的一侧，有并排的五面红旗，它们分别代表“工、农、商、学、兵”。1960年，红旗牌轿车编入《世界汽车年鉴》，五面红旗被改为三面，代表“总路线、大跃进、人民公社”，后来改为一面旗帜（图4–47）。红旗轿车新的标志如图4–48所示。

2. 荣威汽车商标

“荣威”中文体现了创新殊荣、威仪四海的价值观。外文“Roewe”蕴含“雄狮”之寓意。

荣威汽车商标（图4–49）的整体结构是一个稳固而坚定的盾形，暗寓其产品可信赖的尊崇品质及上海汽车自主创新、国际化发展的坚强决心与意志。

色彩中红色代表中国传统的热烈与喜庆，金色代表中国的富贵，黑色则象征威仪和庄重。暗含着阴阳变化的玄机，代表了求新求变、不断创新与超越的企业意志。

图4–47　一面旗帜

图4–48　红旗轿车标志

图4–49　荣威汽车商标

两只站立的东方雄狮，气宇轩昂、凛然而不可冒犯，代表着吉祥、威严、庄重。图案的中间是双狮护卫着的华表；华表是中华文化中的经典图腾符号，不仅蕴含了民族的威仪，同时具有高瞻远瞩，祈福社稷繁荣、和谐发展的寓意。

3. 长安汽车商标

长安汽车商标（图4–50）以天体运行轨迹椭圆为基础，捕捉“长安”中“C”“A”两个字母，经过抽象、组合、变形而成一个永恒运行的天体、一个攀升的箭头、一个精致的方向盘，又如一辆轻巧的汽车奔驰于阡陌纵横的公路之上。

图4–50　长安汽车商标

4. 奇瑞汽车商标

奇瑞是“特别吉祥如意”的意思。奇瑞汽车商标（图4–51）中间A为一变体的“人”字，预示着公司以人为本的经营理念；徽标两边的C字向上环绕，如同人的两个臂膀，象征着一种团结和力量，中间的A在椭圆上方的断开处向上延伸，寓意奇瑞公司发展无穷。

图4–51　奇瑞汽车商标

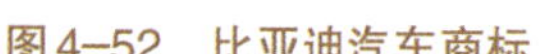

图4–52　比亚迪汽车商标

图4–53　金杯汽车商标

图4–54　吉利汽车商标

5. 比亚迪汽车商标

比亚迪汽车商标（图4–52）是英文Build Your Dreams的三个首字母组成，意思是“成就您的梦想”，外围是个椭圆，预示比亚迪汽车走向世界。

6. 金杯汽车商标

金杯汽车商标（图4–53）为一个奖杯，金杯预示公司秉承“汇融天下，精铸金杯，卓越品质，回报社会”的经营理念，为用户提供性能先进、质量可靠、造型美观、经济实用的产品和一流的服务；外框五边形表示汽车走向世界五大洲。

7. 吉利汽车商标

吉利汽车商标（图4–54）将东方神鸟朱雀幻化，象征着吉利将如神鸟般傲立国际。设计主体由刚劲有力的曲线构图，象征吉利事业根基牢固、稳如磐石，多层的曲线设计则如叠叠巨浪，一浪高过一浪，象征吉利事业蒸蒸日上、蓬勃发展。

8. 中华汽车商标

中华汽车商标（图4–55）是“中”字外加圆环，组成方向盘，又像个奖杯，威仪中透出华贵典雅的内敛，象征中华汽车将跻身于世界级汽车之列。

9. 中国重汽汽车商标

中国重汽汽车商标（图4–56）中，“CNHTC”是中国重汽的英文缩写，图案显示公司“三个一、三个高”的“十二五”发展思路，即自卸车争第一、现有产品争一流、新产品销售收入占企业总销售收入的一半，产品品质高、管理水平高、企业效益高。

10. 长城汽车商标（图4–57）

长城车标内涵是椭圆外形：立足中国，走向世界。烽火台形象：中国传统文化象征。剑锋箭头：充满活力，蒸蒸日上；敢于亮剑，无坚不摧。立体“1”：快速反应，永争第一。

图4–55　中华汽车商标

图4–56　中国重汽汽车商标

图4–57　长城汽车商标

11. 五菱汽车商标（图 4–58）

柳州五菱汽车有限责任公司的商标由五个鲜红的菱形组成，形似鲲鹏展翅、雄鹰翱翔，有上升、腾举之势，象征着五菱的事业不断发展。

图 4–58　五菱汽车商标

任务实施

利用自习课到学校停车场。每人自选一辆车，观察该车的商标，分析它的寓意，并了解该车的性能特点。（记住车牌号码）

练一练

一、填空题

1. 汽车商标由__________和__________两部分组成。
2. 汽车商标作用是：__________、__________、__________、__________。
3. 凯迪拉克汽车标志选用“凯迪拉克”之名是为了向法国的皇家贵族、探险家，美国底特律城的创始人__________致敬。
4. 比亚迪汽车商标是英文__________。
5. 保时捷的英文车标采用公司创始人__________的姓氏。商标采用公司所在地__________的盾形市徽。
6. 奇瑞是__________的意思。
7. 金杯汽车商标为一个奖杯，金杯预示公司秉承“汇融天下，精铸金杯，卓越品质，回报社会”的经营理念，外框五边形表示__________。
8. 柳州五菱汽车有限责任公司的主标志由五个__________组成。
9. 吉利汽车商标将__________幻化，象征着吉利将如神鸟般傲立国际。
10. 长安汽车商标以天体运行轨迹椭圆为基础，捕捉“长安”中__________、__________两个字母，经过抽象、组合、变形而成一个永恒运行的天体、一个攀升的箭头、一个精致的方向盘，又如一辆轻巧的汽车奔驰于阡陌纵横的公路之上。

二、判断题（对的打√，错的打 ×）

1. 汽车品牌就是汽车商标。（　　）
2. 凯迪拉克商标上为冠、下为盾，周围为郁金香花瓣构成的花环。（　　）
3. 在法国对于高档汽车，人们倾向于选择词汇和图像商标，以显示民族自豪感和所有者的身份地位。（　　）
4. 奥迪车的商标图案是四个连环圆圈，有“团结就是力量”的意味。半径相

等的四个紧扣着的圆环，象征公司成员平等、互利、协作的亲密关系。 (　　)

5. 我国红旗牌轿车上的商标现在为一面旗子。 (　　)
6. 奔驰汽车的标志是简化了的形似方向盘的一个环形圈围着的一颗三叉星，三叉星表示在海陆空领域全方位的机动性。 (　　)
7. 美国的“林肯”“雪佛兰”，意大利的“罗密欧”“布加迪”“法拉利”，法国的“雷诺”，英国的“劳斯莱斯”，中国的“夏利”“富康”“云雀”等车的品牌标志都是宣传了汽车的人文精神。 (　　)
8. 别克商标是三把颜色不同，从左到右依次为红、蓝、白三种颜色排列在不同高度上的利剑。 (　　)
9. 荣威汽车商标的整体结构是一个稳固而坚定的盾形，暗寓其产品可信赖的尊崇品质，及上海汽车自主创新、国际化发展的坚强决心与意志。 (　　)

5

项目五　汽车外形与色彩

项目概述

汽车从诞生到现在，一直在根据人类的需求、各种科学的发展、多种学科之间的互相促进来改进自己的颜色、外形，以满足人们的需求。汽车在发展过程中一直是人体工程学、机械动力学、人体工程学之间的互相促进，从而诞生了人们在马路上看到的五颜六色、流线型完美的各种车的颜色及外形。

任务一　汽车外形演变史

学习目标

（1）掌握汽车外形演化的顺序。

（2）了解每种车型的优缺点。

（3）会欣赏各种车型。

任务导入

在汽车改装案例中经常会出现一个词“鸭尾”，而鸭尾普遍用来形容那些并不张扬且尽量和车身钣金融为一体的尾翼设计（图5–1），由于这些尾翼一般设计在车辆后备箱上且微

图5–1　带“鸭尾”的汽车

微凸起，和鸭子的尾部十分贴近，所以称为鸭尾。

通俗地说，鸭尾其实就是尾翼的一种，也可以称之为扰流板。一般在一些比较低调的性能车当中经常会见到这种设计，例如宝马M3、奔驰C63、保时捷911。和一般赛车所使用尾翼不同的是，鸭尾设计不仅能够为车辆行驶时提供轻微下压力，用来降低整体车身重心以及让轮胎获得更多抓地性能，它还承担着缓冲车身线条、维持美感的作用。在改装领域许多人喜欢将自己的车增加一个鸭尾来提高整体车身侧面线条的冲击力，而在这其中老款宝马E90三系升级的鸭尾最为突出且明显，甚至有人为自己的车增加一个这样的设计后，不惜重金订购全新后备箱盖来改变效果。

知识准备

从卡尔·本茨1886年发明世界上第一辆真正的汽车算起，汽车已经走过了100多年的发展历史，仅从造型角度看，汽车也走过了一个漫长的发展历程，从刚开始的马车型汽车到现在的复合型汽车，历史悠久而又色彩斑斓。

影响外形演变有三个因素，即机械工程学、人体工程学和空气动力学，外形的演变就是三者协调发展的结果，正如汽车造型大师乔治·亚罗所说："造型设计决定了一款车的命运，这并不是危言耸听"。当前车的外观造型不仅仅是车本身功能的一种体现，更多地体现了一种艺术、一种文化、一种阶层乃至一种时尚，而一个成功的外观造型势必体现出一个设计师本身的艺术造诣和知识内涵，包括绘画、雕塑、图案、色彩等。

从整体上看，汽车造型的变化经历了以下几个阶段的变化：马车型汽车、箱型汽车、甲壳虫型汽车、船型汽车、楔型汽车及现在的复合型汽车，等等。

一、马车型汽车——汽车造型的开端

汽车是从马车（图5–2）发展过来的，因此最初的汽车自然具有马车的式样，唯一不同的就是马车的动力源是马匹，而汽车的动力源是内燃机，甚至当时的汽车速度都维持在马车水平（20 km/h以内），而一直到1895年使用了充气轮胎之后，汽车的舒适性才逐渐体现出来。马车型汽车（图5–3）一般是敞篷式或活动布棚式的，只能遮住迎面而来的风，

图5–2　马车

图5–3　马车型汽车（AR）

无法遮挡四面风雨。

二、箱型汽车——汽车设计的专业化开端

箱型汽车（图5–4）建立在流水线的基础上，以福特T型车为主，在1915年至1930年，箱型车一直唱主角。

1913年，福特首次推出了流水装配线的大量作业方式，极大地提高了劳动生产率，年产量达到了30万辆，占到了当时全球汽车产量的70%～80%，“福特”一度成为汽车的代名词。

流水线的生产使造车成本下降，汽车价格也随之大跌，汽车从富人的玩具变成了平民运输代步的工具，乘客舱的后面加设了行李舱，形成了箱型车方方正正的造型。

图5–4　福特A型车箱型汽车（AR）

箱型汽车的出现主要基于改善驾乘条件，美国福特汽车公司在1915年生产出一种新型的福特T型车，首次将简陋的帆布棚换成木质框架且装上了门和窗，构成箱型车身，宣布了车身外形设计的开端。

箱型汽车重视人体工程学，内部空间大，乘坐舒适，有活动房屋的美称。

箱型汽车在汽车密闭性方面取得了长足性的进步，但箱型汽车车体笨重，行驶起来阻力很大，且汽车尾部产生巨大的空气涡流，极大地限制了汽车的速度，也为汽车的发展提出新的要求。

三、甲壳虫型汽车——流线型时代的开始

箱型汽车时代后期，人们开始认识到空气阻力的重要性。除了迎风面积和车速之外，汽车的空气阻力还和汽车的纵剖面形状有关，流线型好的汽车，正面阻力和后面涡流越小，因此，人们致力于流线型车身的设计。

1934年，流体力学研究中心的雷依教授，采用模型汽车在风洞中试验的方法测量了各种车身的空气阻力，这是具有历史意义的试验。1934年，美国的克莱斯勒公司首先采用了流线型的车身外形设计，终于设计出气流牌小轿车。

1937年，德国设计天才费尔南德·保时捷开始设计类似甲壳虫外形的汽车。甲壳虫不但能在地上爬行，也能在空中飞行，其形体阻力很小。保时捷最大限度地发挥了甲壳虫外形的长处，使“大众”汽车成为当时流线型汽车的代表作。从20世纪30年代流线型汽车开始普及到40年代末的20年间，是甲壳虫型汽车（图5–5）的“黄金时代”。

随着流线型风潮的盛行，其他厂家也相应推出了自己的甲壳虫型汽车，甲壳虫型汽车很大地提高了车速，最高车速达到了100 km/h以上。

随着甲壳虫型汽车的发展，其缺点也日益显现，一是乘客活动空间小，尤其是后排空

图5–5 甲壳虫型汽车(AR)

间;二是甲壳虫型汽车纵向截面前后不对称,造成高速行驶侧向稳定性不好。

甲壳虫型汽车尾部的侧向面积与箱型汽车相比,其侧向风压中心移到汽车质心的前面,侧向风力相对于质心产生的力矩,加剧了汽车侧偏的倾向。而箱型汽车由于侧向风压中心在质心之后,所以侧风对该型汽车质心所产生的力矩,可以使将要发生测偏的汽车回位,则不宜侧偏。

四、船型汽车——商业性设计

1949年,福特汽车公司推出了福特V8,开创了船型汽车的新时代。这种车型改变了以往汽车造型的模式,使前翼子板和发动机罩、后翼子板和行李舱罩融为一体,大灯和散热器罩也形成一个平滑的面,车室位于车的中部,整个造型很像一只小船,所以人们把这类车称为"船型汽车"(图5–6)。

图5–6 1951年福特船型汽车(AR)

福特V8型汽车的成功之处不仅仅在于它在外形设计上有所突破,而且它还首次将人体工程学的理论引入汽车的整体设计上,取得了令人较为满意的结果。

船型汽车不论从外形上还是从性能上来看都优于甲壳虫型汽车,船型汽车是吸取甲壳虫型汽车的后排舒适性和横风稳定性两方面特点,重新挖掘箱型汽车的布局优点而问世的。由于船型汽车性能稳定、布局合理,使其盛行不衰,尤其流行于20世纪50年代,现在,福特公司的那种具有行李箱的四门四窗的轿车,已被全世界确认为轿车的标准形式,至今仍然是汽车设计的蓝本,船型汽车也成为至今数量最多的车型。尤其在美国,船型汽车达到了极致,极尽宽敞与华丽。当年大众率先引进国内的桑塔纳和捷达都是典型的船型汽车。

但是由于船型汽车的尾部过长,形成阶梯状,高速行驶时会产生较强的空气涡流,影响了车速的提高。

五、鱼型汽车——船型和甲壳虫型的交叉

船型汽车尾部过分向后伸出,形成阶梯状,在高速时会产生较强的空气涡流。为了克服这一缺陷,人们把船型汽车的后窗玻璃逐渐倾斜,倾斜的极限即成为斜背式,由于斜背式汽车的背部像鱼的脊背,这类车被称为"鱼型汽车"(图5–7),这也是两厢车的雏形,也是当前滑背、斜背、掀背车型的鼻祖。

图5-7　鱼型汽车

鱼型汽车和甲壳虫型汽车单从背部来看很相似，但仔细观察可以看出鱼型汽车的背部和地面的角度比较小，尾部较长，围绕车身的气流也比较平顺，涡流阻力也较小。另外鱼型汽车基本上保留了船型汽车的优点：车室宽大，视野开阔，舒适性也好，还增大了行李舱的容积。

1964年美国的克莱斯勒·顺风牌和1965年的福特·野马牌都采用了鱼型造型。自顺风牌以后，世界各国逐渐生产鱼型汽车。但是，一来由于鱼型汽车后窗玻璃倾斜太大，面积增加2倍，强度下降，造成结构上的缺陷，二来当汽车高速行驶时汽车的升力较大。为克服这些缺点，人们想了许多方法，例如在鱼型汽车的尾部安上一只翘翘的“鸭尾”（图5-1），以克服一部分升力，这便是“鱼型鸭尾式”车型。

六、楔型汽车——享乐主义特色

“鱼型鸭尾式”车型虽然部分克服了汽车高速行驶时空气的升力，却未从根本上解决鱼型汽车的升力问题。在经过大量的探求和试验后，设计师们最终找到了一种新车型——楔型。这种车型就是将车身整体向前下方倾斜，车身后部像刀切一样平直，前低后高，头尖如楔，这种造型能有效地克服升力。

20世纪60年代是楔型汽车的天下，消费社会具有“年轻化”特色。当时福特公司项目主管艾柯卡看准了这个潜力巨大的市场，极力推动野马项目的实施，1962年，福特开始研发楔型汽车的第一辆概念车——野马I型车（图5-8），取名来自在第二次世界大战中富有传奇色彩的北美P57型野马战斗机。野马车开创了中低档日常用车跑车化的新局面，其影响至今。它的初次亮相是在1962年10月，赛车手丹·格尼驾驶它参加了在纽约举办的美国汽车大奖赛。

图5-8　野马的第一辆概念车

图5-9 丰田MR2跑车（AR）

1963年司蒂倍克·阿本提第一次设计了楔型轿车。但其诞生于船型车的盛行时代，与通常的外形形成尖锐的对立，因此，未能起到引导车身外形向前发展的作用，直到1966年才被奥兹莫比尔·托罗纳多所继承。楔型汽车是汽车界追求速度的高潮，无论是功能还是造型，楔型汽车都是完美的，既适合于高速安全行驶，又富于动感和冲劲，尽管在舒适性上有所欠缺。

楔型汽车在20世纪60年代以后广泛应用于赛车领域，如20世纪80年代的意大利法拉利跑车、日本丰田汽车有限公司的MR2型中置发动机跑车（图5-9）（尾部装有挠流板）。

七、子弹头型汽车

汽车外形发展到楔型以后，升力问题基本上得到了圆满的解决，但人类追求至善至美的心态是永不满足的。当轿车的升力问题基本解决以后，人们又从改变轿车的基本概念上做起了文章，于是，一种新型的轿车——多用途轿车（multi purpose vehicle，MPV；或 all purpose vehicel，APV；我国称之为“子弹头型”汽车）问世了。

进入20世纪80年代以后，克莱斯勒汽车公司道奇分部和顺风分部先后推出了“商队”（Caravan）和“航海家”（Voyager）两种新型汽车。尽管这两种汽车仍以轿车外形为原型，但其车身造型却一改轿车传统的二厢或三厢式结构概念，在小型客车（面包车）车型概念的基础上进一步延伸发展，使之成为既有轿车的造型风格、操纵性能和乘坐感觉等特性，又具小客车的多乘客和大空间的优点，成为集商务、家用和旅游休闲等功能于一体的多用途车。这种车一问世，马上引起了消费者的极大兴趣，其销售形势非常乐观。后来，出于商业竞争的需要，通用、福特、丰田、雷诺、戴姆勒-奔驰等汽车公司先后推出了自己的MPV，使这种类型的汽车形成了一股强大的势力，占据了一定的市场份额。由于这种车的造型酷似子弹头，因此，在我国，人们将其俗称为“子弹头型”汽车（图5-10）；而在国外，消费者则将其称为“蛋形造型”。

纵观汽车造型设计的发展史，可以看出整个外形演变一直围绕着“高速、安全、舒适”这一主题进行。随着时代的发展，人们对汽车车身的审美意识也提到一个很高的层次。未来汽车造型将围绕“气动最优化、个性化、人性化、现代化、全球化”的完美结合而衍生出一个多姿多彩的汽车艺术世界。

图5-10 子弹头型汽车

（1）掌握汽车车身颜色选择的依据。

（2）掌握专用车辆选用特种颜色的意义。

任务导入

全球领先的涂料生产商PPG工业公司曾发布年度汽车色彩流行趋势数据。近60%的消费者将汽车颜色视为决定其购车意向的主要因素。

根据PPG的全球汽车生产数据，白色是最受欢迎的颜色（较上一年上升7%，达到35%），黑色（17%）与银色（12%）分别位列第二、第三位。

在亚太地区，白色仍然是最主流的汽车色彩（44%），其次是黑色（16%）、自然色和银色（两者占比均为10%）以及灰色（7%）。事实上，有超过半数的受访者表示，如果最心仪的颜色缺货，他们会等到有货了再买，而不是购买第二中意的颜色。

有调查数据显示（图5–11），中国2015年生产的各类汽车中白色占比都很高。即使是近年来以黑色为主的豪华汽车类别中，白色车型在2015年的产量也占到了47%，远高于黑色的28%。此外，中国的小型轿车和小型货车的色彩最为丰富，其中占比最高的为蓝色和红色。

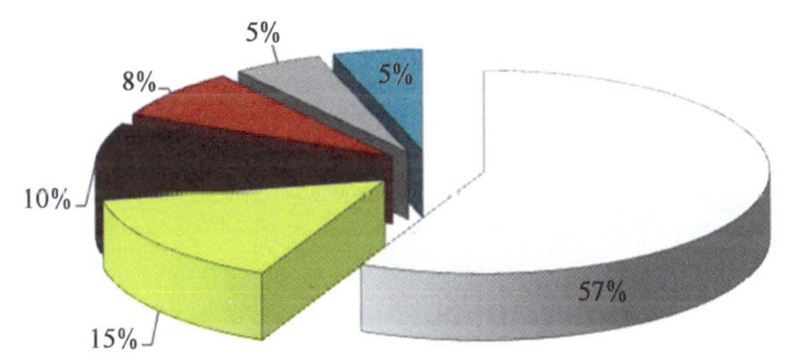

图5–11　中国2015年汽车颜色喜好调查

知识准备

汽车已经是人们生活中重要的出行工具，大街上擦肩而过的各种汽车已经成为一道道亮丽的风景线。同时，汽车的颜色也成为购买者重点考虑的因素。

汽车颜色包括车身外表的油漆颜色和内饰各种材料的颜色。当车身内部乘坐环境及汽车外表与环境色彩达到协调时，能给乘客及行人以美的感受。

汽车颜色的设计、选择和使用是多种因素综合作用的结果。

一、颜色本身蕴含的寓意以及特征

每种颜色都给人不同的感受。所以消费者各种不同的心理需求，需要不同的颜色来满足：

橙色代表光明、华丽、兴奋、甜蜜、快乐；

黄色代表明朗、愉快、高贵、希望；

绿色代表新鲜、平静、和平、柔和、安逸、青春；

蓝色代表深远、永恒、沉静、理智、诚实、寒冷；

紫色代表优雅、高贵、魅力、自傲；

白色代表纯洁、纯真、朴素、神圣、明快；

灰色代表忧郁、消极、谦虚、平凡、沉默、中庸、寂寞；

黑色代表崇高、坚实、严肃、刚健、粗莽。

体现威望的个性特点：银色、黑色的车显得严肃、正式，容易满足消费者这类心理需求。

标志社会地位的个性特征：和衣着打扮一样，人们希望通过自己的汽车来显示和确认自己的社会地位。

满足自尊和自我实现的个性特征：在一定的社交环境中，如果别人选择某种颜色，或者是更高阶层的人选择某种颜色，出于从众心理，人们往往也会追随这种颜色的汽车。

满足情感要求的个性特征：追求浪漫或者刺激的人，选择红色居多。性格活泼开朗外向的人，可能会选择黄色或橙色的汽车。安逸、平和的人选择蓝色或者绿色的比较多。沉稳从容的人偏好黑色。

二、汽车造型设计因素要求

汽车颜色作为汽车造型设计的一部分，直接由设计师主导且受到汽车造型的因素影响。不同的造型搭配不同的颜色，这是设计师从美学的角度出发，合适的颜色能更好地烘托设计，表现出汽车的特质。

圆润丰满的汽车：小巧圆润的造型，需要给人很整体的感觉，多用纯度高的彩色、红色、黄色等颜色。

弧面带有锋利折线的汽车：这类车的造型给人锋利、力量、张力、有攻击性、速度感的感觉。弧面需要比较浅的颜色来体现光影变化，从而表现弧面的凸凹转折。锋利的折线也需要浅色或者银色的金属感强烈的颜色来体现凸凹的光影变化。银色也给人张扬、炫耀的感觉，正好符合这类汽车给人的视觉特征。

三、颜色考虑的因素分析

1. 消费者的颜色喜好

年龄：一般来说年轻人喜欢运动，偏向鲜艳的颜色。为了彰显自己的个性，年轻人选择红色、黄色、橙色、蓝色的比较多。年长些的消费者一般选择比较低调的颜色，黑色、灰色比较集中。

性别：女性消费者偏向鲜艳亮丽的颜色，特别是暖色比较多，多倾向于红色、橙色、黄色，也有绿色。男性消费者主要选择银色、黑色、蓝色。

2. 颜色与使用功能

在汽车的使用过程中，某些颜色逐渐具有特殊意义。例如，消防车采用红色（图5–12），救护车采用白色（图5–13），邮政车采用绿色（图5–14），军用车一般为深绿色（图5–15），工程机械用车多采用黄黑相间的颜色（图5–16）等。有些汽车还在底色上采用功能标志的图案，例如救护车上的红十字标志，冷藏车上的雪花标志、企鹅图案等。

图5–12　消防车

图5–13　救护车

图5–14　邮政车

图5–15　军用车

图5–16　工程机械用车

3. 颜色与地域环境

由于全球不同区域光照强度有差别，造成了人们对不同颜色的偏好。高纬度地区，日照时间短，光强相对较弱，反差小；低纬度地区，日照时间长，光强相对较强，因此车身的日照面与背面颜色反差很大，用柔和的中间色能消除这种反差。因此，巴西有很多粉红色的轿车；以美国纽约为中心的大西洋沿岸的人喜欢淡色；而意大利人就喜欢黄色和红色，著名的法拉利跑车全是红色的就是最好的证明。

由于世界各国的文化不同，人们的色彩观念也不同，各自有偏爱的和禁忌的颜色。在伊朗、科威特、沙特阿拉伯、伊拉克等伊斯兰国家黄色是禁忌的颜色，而绿色却被他们认为是生命之源的代表，并受到推崇。在美国、加拿大，茶色、浅蓝色最受欢迎，其次是白色、杏黄色。在日本最受欢迎的是白色，其次是红色和灰色等。

在中国，红色象征喜庆、幸福，而在另一些国家，例如美国，却认为红色是死亡、流血、赤字的象征。拉丁美洲国家大多偏爱暖色调，他们喜欢在客车上涂饰颜色鲜艳夺目的图案。

4. 颜色与流行

汽车的颜色可分为基本色和流行色。基本色是市场需求基本不变的重要颜色，它们仅受到新材料和新技术应用的影响而稳步发展。流行色属于新潮颜色，根据时势而变。在轿车领域，流行色的变化特别明显。因此人们也将轿车工业称为“Fashion”工业。与时装相比，轿车在产品开发周期初期（概念车设计阶段）选用流行色的时间要晚2～4年，因为轿车开发周期需要3～5年。

不同时期的汽车流行着不同的颜色，大量的研究资料表明，汽车的流行颜色呈现着周期性的变化，其新鲜感周期大约为1.5年，交替周期大约是3.5年。

在每一季巴黎、米兰时装周上，大牌设计师都会发布次年可能流行的色彩和款式，而汽车设计师则需要更多的前瞻性。因为汽车研发周期长，所以设计师们常常需要预测几年后流行的车身颜色。

20世纪90年代环保运动兴起，所以造成了绿色汽车的流行，2000年后，代表高科技的银色成为流行色。现在，白色逐渐粉墨登场。

5. 颜色与安全

心理学家认为，视认性好的颜色能见度佳，因此把它们用于轿车外部可以提高行车的安全性。视认性主要与下列因素有关：

（1）颜色的进退性。即所谓的前进色和后退色。比如，若使红、黄、蓝、绿的轿车与观察者保持等距离，在观察者看来，似乎红、黄色轿车要近一些，蓝、绿色轿车要远一些。因此，红、黄也称前进色，蓝、绿也称后退色。前进色的视认性较好。

（2）颜色的胀缩性。相同车身上不同的颜色，会产生体积大小不同的感觉。如黄色感觉大些，有膨胀性，称膨胀色；蓝、绿色感觉小些，有收缩性，称收缩色。膨胀色与收缩色的视认效果不一样，据日本和美国车辆事故调查发现，发生事故的轿车中，蓝色和绿色的最多、黄色的最小，可见膨胀色的视认性较好。

（3）颜色的明暗性。颜色在人们视觉中的亮度是不同的，可分为明色和暗色。红、黄色为明色，明色的车型看起来觉得小一些、远一些和模糊一些。明色的视认性较好。

从安全角度考虑，轿车以视认性好的颜色为佳。有些视认性不太好的颜色，如果进行合理搭配，也可以提高视认性，如蓝色和白色搭配，效果就大为改善。荧光和夜光漆能增强能见度和娱乐气氛，因而被广泛用于各种赛车、摩托车等。

6. 技术革新因素

在大量的电脑辅助行车设备和安全设备（如ABS、ESP系统）要装在汽车上以后，银色汽车开始流行起来。银色能很好地体现出汽车智能金属的感觉，满足人们炫耀科技的心理需求。

电动汽车是目前较热门的汽车新技术，所以在颜色上也有对电动科技的体现。新推出的电动汽车，几乎都是以白色为主。白色体现纯洁、和平、清洁和无污染的形象，正好符合电动技术的发展诉求。另外，由于蓝色、绿色都有环境保护、清洁健康的含义，所以很多电动汽车和混合动力汽车细节都用蓝色或者绿色作为装饰，例如LEXUS混合动力汽车的标志是蓝底的。

四、未来色彩趋势分析

可以认定，未来的趋势、循环的下一个目的地将是白色。

色彩的流行趋势并非孤立在汽车上面，也并非“去年银色今年白色”的陡然骤变，这是一个积累的过程，并将保持较长的时间。其实在过去的几年间，时尚界、家具等产品都出现了比较多的白色趋势，苹果公司就是这次白色趋势的领导者，其很好地迎合了消费者审美观的变化趋势，苹果的白色在短短几年间成为最科技、最时尚的代名词。

白色运用在设计中，更容易体现出圆润、饱满、流线的优雅效果。对于现在流行的车身有棱有角的凸凹设计，白色由于其阴影明显，很容易体现出车身的起伏转折和形体结构。

另外，在汽车拥有量大增和道路交通堵塞频发的时代、交通事故更易发生的今天，白色车辆的安全性更能很好地发挥出来。

任务实施

到学校停车场，找到上次记住的车牌号码，按照本次授课的教学内容分析该车的车身颜色和外形，说出其颜色和外形的优缺点。

练一练

一、填空题

1. 影响汽车外形的主要因素有__________，__________和__________等。

2. 汽车车身演变的几个阶段为：__________，__________，__________，

__________，__________，__________。

3. 最初的汽车是__________，无法遮挡风雨。

4. __________发明了__________，从而大大降低了汽车的价格，使汽车成为当时美国人人都买得起的交通工具。

5. 福特的T型车是属于__________车身。

6. 箱型车身主要是满足了__________的要求。

7. 德国费尔南德·保时捷设计了类似__________外形的汽车。

8. 甲壳虫型车身最大地满足了__________要求。

9. 福特汽车公司推出的福特V8是__________的典型代表。

10. __________的尾部安上一只翘翘的“鸭尾”。

11. 赛车的车身一般都是__________车身。

12. 从安全角度看，__________汽车安全系数高。

二、判断题（对的打√，错的打 ×）

1. 汽车是从马车演变而来的，在我国的秦代马车就有了豪华的车厢，所以汽车诞生时就有了车厢。（　　）

2. 汽车是为人类服务的，设计汽车时满足人类的需求就可以，所以车厢空间越大越好。（　　）

3. 红色车醒目，所以军用车都是红色。（　　）

4. 在甲壳虫型汽车的车身上装了“鸭尾”，以改善风阻。（　　）

5. 意大利人喜欢红色，著名的法拉利跑车红色较多就是最好的证明。（　　）

6. 在中国，红色象征喜庆、幸福。（　　）

7. 汽车的流行颜色呈现着周期性的变化，其新鲜感周期大约为1.5年。（　　）

8. 相同车身上不同的颜色，会产生体积大小不同的感觉，黄色视认性较好。（　　）

9. 流水线的生产方式使造车成本大跌，汽车价格也随之大跌。（　　）

10. 美国的克莱斯勒公司首先采用了流线型的车身外形设计。（　　）

6

项目六　汽车娱乐

项目概述

汽车带给人们的除了以车代步、减轻人的体力劳动，随着社会的发展、汽车的各种技术的进步，汽车还会带给人们更多的需求和乐趣。

汽车运动的开展让人们体会到速度带给人们的激情和荣誉；世界汽车城的形成和发展带给人们更快捷、更美好的生活；世界著名汽车展会的不同风格和文化氛围，是对汽车工业与汽车市场的极大推动。

任务一　汽车运动

学习目标

（1）了解赛车运动的魅力。
（2）了解汽车赛事的发展历程。
（3）熟悉世界上著名的汽车赛事。
（4）熟悉不同时期世界上杰出的赛车手，以及他们对赛车运动做出的贡献。

任务导入

2016年11月6日，2016世界耐力锦标赛（WEC）上海站的比赛在上海国际赛车场落幕。最终保时捷车队1号车获得冠军(图6−1),2号车位居第四,车队提前一站收获年度车队总冠军。

上海站是本赛季WEC的倒数第二站,由名将马克·韦伯及布兰登·哈特利、蒂姆·伯恩哈德驾驶的保时捷1号车从杆位出发,在6 h的比赛中大部分时间保持领先,最终获得冠军。丰田车队的两辆赛车位居第二、第三位。保时捷车队的2号车获得第四。

图6−1　获得上海站冠军的三名车手与赛车合影

知识准备

一、汽车运动发展简史

“赛车”一词起源于法语Grand Prix,意思就是大奖赛。在国外,汽车比赛几乎与汽车具有同样悠久的发展史。今天,各种各样的汽车比赛统称为现代汽车运动,它是世界范围内的一项影响力较大的体育运动。

汽车运动是指汽车在封闭的场地内、道路上或野外,进行速度、驾驶技术和车辆性能的一种竞赛活动。通过观看各种汽车运动,人们能够欣赏到车手的精湛的驾驶技术、超人的胆识以及顽强拼搏的精神,更能够欣赏到赛车的精美设计以及人与科技的完美结合。

世界上最早的汽车赛是1887年4月20日,由法国《汽车》杂志主编弗谢筹办的、从巴黎沿塞纳河畔直至努伊的汽车比赛。当时,参加比赛的只有乔乐基·布顿一个人。他驾驶4座的蒸汽汽车从巴黎沿塞纳河畔跑到了努伊。1888年法国《汽车》杂志社再次举办了车赛,路程从努伊到贝尔塞,全长20 km,驾驶迪温牌三轮车的布顿获得冠军。第二名也是最后一名为驾驶塞尔波罗蒸汽汽车的车手。为了避免野外比赛时的灰尘飞溅影响车赛,慢慢地车赛改为封闭的赛场和跑道。

国际汽车联合会认为,汽车比赛的诞生日应该是1894年6月11日。1894年6月11—14日,由法国汽车俱乐部和《杰鲁纳尔报》联合举办的从巴黎至波尔多往返(全程1 178 km)的汽车赛,是世界上最早使用内燃机汽车进行的长距离公路赛。

最早的汽车跑道赛于1896年在美国的普罗维登斯（Providence）举行。1901年，真正的赛车才开始在赛场上出现。为了吸引更多的人参加比赛，使比赛更富有刺激性和挑战性，法国的勒芒市在1906年举行了第一次真正意义上的场地汽车赛（图6–2）。

随着汽车运动的发展壮大，为了更规范地发展汽车运动，使各项赛事顺畅进行，1904年6月10日，法国、英国、德国、比利时等欧洲国家发起成立国际汽车联合会（法文Fédération Internationale de l'Automobile，FIA），其标记如图6–3所示，简称"国际汽联"或"FIA"，以推动汽车工业发展为宗旨，并负责全球汽车俱乐部和各种汽车协会的活动。当时总部设在法国巴黎，它是汽车运动的最高权力机构。

图6–2　1906年的勒芒汽车大奖赛

图6–3　国际汽车联合会会标

车手的意外死亡，使安全问题成为赛车运动最需要解决的迫切问题。加上经济危机对赛车运动的冲击，国际体育组织对赛车运动制定了许多规则限制，包括关于赛车的排量、重量等规定，实际是在逐渐给赛车定了一个方程式（formula）。第一个被清楚地制定的"方程式"是FIA在1904年所做的，就是限定赛车的最低车重。

为了追求高速，发动机越做越大，而车身设计、制动、轮胎的发展却远远落后，使得比赛中意外频发。1914年，法国汽车大奖赛首次制定了限制发动机排量（4.5 L）的规则。在这次比赛中，德国人首创利用编队战术取胜的先例。

从1917年起，美国汽车协会（American Automobile Association，AAA）组织的全国冠军联赛全部采用椭圆形赛道。赛车设计更加注重操控性和机动性，制动性也得到了很大改进，发动机则要求在各种速度时都要有上佳表现。

国际汽联于1922年成立了下属机构"国际汽车运动联合会"（Federation Internationale of Sport Automobile，FISA），其主要任务是制定有关参赛车辆、车手、路线及比赛方法等相应规则。1934年，赛车有了一种新的限制，总重量不能低于750 kg。

图6–4　中国汽车运动联合会会标

中国汽车运动联合会（Federation of Automobile Sports of the People's Republic of China）简称中国汽联（FASC），会标如图6–4所示，属全国性体育社团，是中华全国体育总会团体会员。其前身为中国摩托运动协会，1975年成立于北京，1983年加入国际汽车联合会。1993年5月汽车运动项目从中国摩托运动协会分离，单独组成“中国汽车运动联合会”。

二、汽车运动分类

随着赛车运动的发展，赛车运动种类越来越多，根据比赛场地的特点分为场地赛和非场地赛两种。场地赛包括方程式汽车赛、耐力赛、其他场地赛（包括漂移赛、轿车赛、运动汽车赛、直线竞速赛等）；非场地赛包括世界拉力锦标赛（WRC）、越野赛以及其他非场地赛（登山赛、沙滩赛等）。其中汽车赛事F1、勒芒24小时耐力赛、WRC并称世界三大汽车赛事。

1. 世界一级方程式锦标赛（F1）

世界一级方程式锦标赛的英文名称为“FIA Formula 1 World Championship”，简称F1。

首届一级方程式汽车大赛于1950年5月在英国银石赛场举行。随着F1不断发展和完善，它已发展成一项在世界范围内极具影响力的比赛，是目前世界上速度最快、费用最昂贵、技术最高的比赛，并与“奥运会”“世界杯足球赛”并称为世界三大体育赛事。

图6-5 F1赛车

1）方程式（Formula）的由来

赛车活动起源于1894年，但是一直到1900年为止，对所有参赛的车辆是没有任何限制的。

一直到1904年FIA成立，为了车辆制造商的方便、车手及观众的安全，他们试着对参赛车辆加以限制及分类。直到1939年引进了限制气缸容量。这就是方程式（Formula）的意义：一个对所有比赛车辆的限制。

2011年，F1赛车（图6-5）共12支车队的24名选手参赛，引擎供应商为考斯沃斯、法拉利、奔驰、雷诺，轮胎供应商为Pirelli，2011年赛季冠军为来自红牛车队的德国车手塞巴斯蒂安-维泰尔。2013年HRT车队破产，全年共11支车队、22位车手参赛。

2）F1赛事安排和赛道

（1）赛事安排。通常在3月中旬开赛，10月底结束。具体比赛地点和时间安排都由FIA确定。FIA确定每赛季的16～19场比赛，每场比赛在一个国家的一条国际赛道主办以该国命名的大奖赛，并累计各个车手和车队的总成绩产生年度车手冠军和车队冠军，即F1的年度锦标分为两种——车手锦标和车队锦标。

（2）赛程。每个F1大赛的赛程分为三天，包括星期五的练习赛、星期六上午的练习赛及下午举行的排位赛、星期日上午9:30—10:00的暖身赛、星期日下午2:00的决赛。

（3）F1的赛道（图6-6）。FIA规定，F1专用赛道均为环形，每场比赛距离为300～320 km，每圈为3～8 km，赛场不允许有过长的直道，目的在于限制高速，以免发生危险。

图6–6　F1银石赛场（AR）

随着汽车运动的风靡，越来越多的国家申请主办F1大赛。F1大赛每年都要选择地理条件迥然不同的赛场。它们有的出现在高原上，那里空气稀薄，用以考验车手的身体素质；有的则是街道串成的赛道，那里路面相对狭窄曲折，车手弄不好就会撞车；还有的赛场建在树木葱郁的森林中，那里跑道起伏大，车手很难控制赛车。

2004年9月26日，F1方程式汽车大赛在我国上海首次登陆。赛场设在上海奥迪国际赛车场赛道（图6–7）。

图6–7　上海赛道图片（AR）

3）F1的车队

目前F1车队可以分为两类：厂商车队（如法拉利、雷诺）以及非厂商车队（如红牛一队、二队）。

F1车队由三个部分组成：一是赛车；二是拥有FIA颁发的“超级驾驶执照”的车手；三是一流的维修人员。

（1）车手。所有驾驶F1赛车的选手，都必须持有FIA签发的“超级驾驶执照”（FIA super licence）。每年全世界有资格驾驶世界F1赛车的车手不能超过100名。这张车手执照只发给在F3000、F3或CART等系列赛事中表现杰出的车手。因此要参加F1比赛，车手必须过五关斩六将。

通常一场比赛中必须换挡2 500次，平均2 s要换挡一次，车手的注意力必须高度集中，过弯时车手必须承受自身重量几倍的负荷，身体主要靠安全带固定，但头部必须靠极强壮的颈部肌肉才能支撑。因此F1车手必须是很强壮的运动员。

图6–8　埃尔顿·塞纳

F1历史上，最高车速的记录是全场平均速度325 km/h、巴西车手埃尔顿·塞纳（图6–8）所创造的。

赛纳在职业生涯中参加过161场大奖赛，荣获过41次冠军、65次杆位、3次世界冠军。他以勇敢、智慧创造出了不平凡的成绩，成为当代世界最优秀的F1车手，被誉为“车神”。1994年5月1日14点18分，F1圣马力诺大奖赛意大利伊莫拉赛道的第7圈，塞纳驾驶着威廉姆FW16赛车，正以300 km/h的速度过弯时，突然赛车脱离了既定轨道，塞纳把自己的生命奉献给了赛车事业。

迈克尔·舒马赫（Michael Schumacher）（图6–9），德国一级方程式赛车车手，现代最伟大的F1车手之一，在他头16年的职业生涯中，几乎刷新了每一项纪录。总共赢得7次总冠军，91分站冠军，68次首发，76次单圈最快次数，1 369分的职业生涯积分。亦曾是唯一赢得总冠军的德国车手（后被德国车手塞巴斯蒂安·维特尔于2010年刷新）。

2006年，迈克尔·舒马赫宣布退役。2010年年初，舒马赫正式宣布复出，加盟前身为布朗车队的梅塞德斯车队。2012年10月4日，舒马赫在铃鹿正式宣布退役。2013年12月29日，舒马赫在法国阿尔卑斯山区滑雪时发生事故，头部撞到岩石，严重受创。至今没有康复。

（2）赛车。FIA对F1赛车制定了统一的技术规则，对F1赛车整车尺寸、重量、发动机排量、变速器挡位数、轮胎、制动、转向、悬架、安全装置等制定了详细的规则。

2. 勒芒24小时汽车耐力锦标赛（图6–10）

勒芒位于法国巴黎西南约200 km处，是一个人口约20万的商业城市。这个小城市能够闻名于世界，主要是因为自1923年开始（1936年、1940—1948年除外），每年6月在此举行的被称为最辛苦、最乏味的单项赛事——“勒芒24小时耐力赛”。

勒芒24小时耐力赛的影响力仅次于F1。比赛一般从下午四点开始，持续进行24 h。每部赛车由3

图6–9　迈克尔·舒马赫

图6-10　勒芒24小时耐力赛

名车手轮流驾驶（1980年中期以前为2名车手），以最高将近400 km的时速连续奔跑，换人不换车，所有的加油、换胎和维修时间都包括在24 h以内。最后，行驶里程最多的赛车获得冠军。

一般耐力赛的赛道总长度只有500～1 000 km，而勒芒赛场的总长约为5 000 km。勒芒环形跑道全长13.5 km，其中绝大部分是封闭式的公用高速公路。在跑道上有一段约6 km的直路，赛车在这段路上飞速驶过，速度达到390 km/h。车手们在24 h的比赛中，在这段路上行驶要用6 h，紧张得令人感到窒息，哪怕是稍有疏忽，后果都不堪设想。

勒芒赛场周围还有设施齐备的餐饮、娱乐和休闲场所，以及销售仿制的各大车队服装、帽子的铺位，让车迷们在这里如同过节一样。观众可以在餐厅里一边吃着可口的食物，一边观看窗外时速达到300多公里的赛车飞驰而过，这也堪称赛车界里独一无二的情景。

比赛过程中，赛车进加油站、修理站换车手、换轮胎、加油时，只能由两位技师同时进行。最后，行驶里程最多者获胜。

3. 世界拉力锦标赛（WRC）

非场地赛是指比赛场地不是密封的，主要分为拉力赛（Rally）、越野赛（Rally-cross）以及登山赛、沙滩赛等。

世界汽车拉力锦标赛（World Rally Championship，WRC）始于1973年。这项赛事是FIA国际汽联四大赛事之一。

1）赛事安排

为争夺系列赛冠军宝座，WRC每年在世界各地举行14～16站比赛，每一分站通常比赛3天，在事先设定的赛道上划出20～30处特殊赛段（special stage），每个赛段最短3 km，最长可达30 km。在各赛段上每隔2～3 min有一辆赛车出发投入比赛，总成绩以车手在各赛段时间累计分出胜负，用时间最少排名最前。

2）赛车

参赛车辆必须为各大汽车厂家年产量超过2 500辆的原型轿车，同时对于赛车改装后的尺度、重量以及排量、功率等都有严格的限制。

赛车分为原厂组（Group N）和改装组（Group A）两大组别。

3）比赛规则

WRC赛车上除了车手还有一名领航员（co-driver）。车手在领航员的配合下，以最短时间完成比赛的车手将赢得胜利。

在每个比赛分站，各取前8名，分别获得10、8、6、5、4、3、2、1的积分，车手所得积分可成为车手本身和车队年度的积分。全年总积分最高的一对车手和领航员成为当年的世界冠军。

三、汽车运动的魅力

目前各个汽车公司都非常重视各种汽车运动。通过各种汽车车赛，有助于改善汽车性能，强化道路试验；更重要的是，每次比赛都会吸引众人的关注，人们在观看惊险刺激赛事的同时，也就是在观看动态的车展，能够了解各个厂家新车型的诞生、先进技术的展现，所以对于厂家来说，车赛就是活的广告。通过车赛，还展示了车手的个人技艺、意志和胆量，是汽车设计、产品质量的角逐，体现了人类精英与高科技最完美的结合，体现了人类对自然的征服能力。

（1）掌握车展的意义。

（2）了解世界主要汽车城。

（3）掌握我国主要汽车展览以及每次车展的主题。

任务导入

2014年11月12—16日，2014上海时尚生活消费展暨虹桥车展在国家会展中心（上海）揭开神秘面纱，本次展会有近40个汽车品牌参展，展出面积近3万m^2。

为了给消费者带来一场全新的消费型购车盛会，本届虹桥车展囊括了国内外多种热门车型，以乘用车、商用车、房车、改装车、二手车为主；展出品牌覆盖全球汽车厂商，包括欧美系、德系、法系、日系、韩系及自主等多个国家的知名汽车品牌，参展阵容豪华，劳斯莱斯、宾利、玛莎拉蒂、奔驰、宝马、奥迪、DS、英菲尼迪、上海大众、福特、别克、雪佛兰、北京现代、斯柯达、荣威MG、东风风行、中华、长城等大家喜闻乐见的汽车品牌参加了展出。本届虹桥车展的筹备得到众多汽车厂商及业界人士的广泛支持，车界无论是傲视群雄的豪车品牌、中流砥柱的合资品牌，还是表现日益突出的自主品牌都悉数到场，还有超豪华品牌改装车、房车、二手车精彩亮相，为各位车迷朋友呈现一场狂欢购车大Party。

在历届车展上，豪车区向来是最吸引眼球的地方，虹桥车展组委会充分考虑到观众需求，迎来兰博基尼、劳斯莱斯、宾利、玛莎拉蒂等高端品牌并驾齐驱、同台斗艳，广大车迷在虹桥车展大饱眼福，享受到一场空前的视觉盛宴和非凡的观展体验。

知识准备

一、汽车车展的历史及作用

汽车展览会带来的概念车型、新车型、汽车展会风格和文化氛围，让人们感受到世界汽车工业跳动的脉搏。汽车展览是汽车制造商们展示新产品的舞台，而在流光溢彩的样车背后，却是汽车制造商们为在汽车市场上争夺市场份额而进行的殊死较量。

法国是汽车的发源地之一，第一次车展也是在法国举行的。1898年，在法国汽车俱乐部的倡议下第一次国际车展在巴黎的一个公园举行。大约14万名游客前来参观，232辆汽车往返于巴黎与凡尔赛之间，汽车成为公众瞩目的焦点。从那以后，汽车车展在各地蓬勃发展。

目前，德国法兰克福车展、美国底特律车展、瑞士日内瓦车展、法国巴黎车展和日本东京车展被誉为当今五大国际车展。它们之所以成为国际一流车展，一是参展商的规模和级别一流；二是展品档次和首次亮相的新车、概念车一流；三是场馆面积和配套设施一流；四是主办方服务质量一流；五是国内外记者范围、观众数量和专业水平一流。人们都说巴黎时装展展出了世界一流的时装，是因为它代表了世界时装业发展的潮流。五大国际车展之所以世界知名，也是因为它们代表了世界汽车工业发展的潮流。另外，这五大车展也各有自己的特点，比如：法兰克福车展作为汽车工业的发源地之一，尤其重视传播汽车的文化性；日内瓦所在的瑞士因为没有自己的汽车工业，可以为各大汽车厂商提供公平竞争的舞台；北美车展则充满美国人的娱乐精神，吃喝玩乐无处不在，一应俱全；东京车展上众多匪夷所思的“概念车”和最新科技的展示，也是吸引观众眼球的卖点。

五大汽车车展当中，历史最短的东京车展也有60多年。撇开带给汽车爱好者和观众们的激情与快乐，这些车展对世界汽车工业与汽车市场的发展起到了极大的推动作用，在世界汽车历史长河中有着不可磨灭的功绩。

最初，汽车车展扮演了普及汽车知识和推动汽车工业发展的角色，汽车也从一开始仅是少数人的奢侈品变为被大众所接受的交通工具。现在的汽车车展不仅仅是一个人们可以参观全世界车型的盛会，也是整个汽车行业专家的集会场所。

二、世界车展简介

1. 德国法兰克福国际车展

德国法兰克福车展是世界上最早办国际车展的地方。法兰克福车展前身为柏林车展，创办于1897年，1951年移到法兰克福举办，法兰克福车展是全球规模最大的车展，有“汽车

图6–11　梅赛德斯–奔驰GLC

奥运会”之称。每两年举办一次的法兰克福国际车展一般安排在9月中旬开展，为期两周左右。参展的商家主要来自欧洲、美国和日本，尤其以欧洲汽车商居多。德国是现代汽车的发源地，是奔驰公司、大众公司、奥迪公司老牌公司的老家，法兰克福车展正是他们一展身手的好机会。

2015年9月第66届法兰克福车展成功举办。

第66届车展上，梅赛德斯–奔驰为大家带来了期待已久的全新中型SUV产品——GLC（图6–11）。作为畅销车款GLK的继任者，GLC在外观内饰设计、空间表现和动力总成匹配方面都进行了全面的提升。新车大量应用了轻量化技术和轻质材料，包括前后悬架、发动机舱盖、减震器支柱等多个部件均采用了铝质部件。安全辅助系统方面，奔驰GLC配备了增强型防碰撞辅助系统、侧风辅助系统，前大灯辅助系统、注意力警示系统、预碰撞安全系统、带交叉车流辅助功能的增强型制动辅助系统、动态停车辅助系统、盲点监测系统等多项电子辅助系统。

2. 美国底特律车展

每年1月在美国底特律举行。其历史开始于1900年11月纽约汽车俱乐部召开的第一届世界汽车博览会。后来辗转迁移至汽车城底特律。创始于1907年，是世界上历史最长、规模最大的汽车展之一。由于在年初举行，被誉为全球汽车风向标。

图6–12　北美车展

美国底特律可以说是世界与汽车联系最紧密的城市。从造车起步，靠汽车工业蜚声天下，现在底特律依然是美国这个“车轮上的国度”的发动机。底特律车展也成为当今世界最负盛名的车展之一。

1957年，欧洲车厂终于远渡重洋而来。首次出现了沃尔沃、奔驰、保时捷的身影，获得了美国民众的高度重视，底特律车展的“王旗”正式树起。底特律汽车展览1989年才正式更名为北美国际汽车展。

图6–13　14款宝马M6 Gran Coupe

2013年美国底特律车展（图6–12）上，有众多首发新车亮相，其中宝马带来了4系、宝马X4、宝马M6 Gran Coupe（图6–13）；奔驰全新车型CLA、奔驰E级改款都被大家广泛关注；日系车中雷克萨斯全新IS、英菲尼迪Q50（换代G四门轿车）偏向欧美市场；美国本土车推出了雪佛兰全新克尔维特、凯迪拉克ELR。作为美国汽车市场的传统烙印，北美车展基本上是日本车、美国车的天下。

3. 瑞士日内瓦车展

一年一度的日内瓦车展起始于1905年，1926年起由非正式协会主办，1947年协会改组为国际车展基金会，1982年起由政府出面创办的Orgexpo基金会主办。每年3月举行。在第二次世界大战期间停办7年。日内瓦车展是世界五大车展中最热闹的。

瑞士没有自己的汽车工业，而日内瓦却承办着世界最知名的车展之一。日内瓦始终是一个让人刮目相看的城市：每年一度的日内瓦车展，以其迷人的景致、处处公平的氛围和细致入微的参赛规则，受到汽车巨头们的好评，更为众多观光者所青睐。车展主办方最引以为豪的是日内瓦公平的展览氛围："底特律车展上通用、福特趾高气扬；法兰克福汽车展简直就是德国车商的表演舞台；巴黎汽车展的主要大厅则被法国的车商所占据；但日内瓦车展一视同仁，地方保护主义的色彩最淡。"日内瓦车展历来推崇技术革新和偏重概念车，在世界五大车展举办国中，唯有瑞士目前没有汽车工业，因而日内瓦车展以其"中立"身份赢得最为"公平"的形象。豪华车和概念车仍是日内瓦车展上最耀眼的明星。

伴随瑞士让人倾倒的美景，日内瓦的车展是许多车迷看车和旅游一举两得的好去处。车展期间，日内瓦大小饭店均告客满：每晚灯火辉煌，各类招待会和酒会一个赛一个，花样繁多的食品犹如食品博览会给日内瓦带来了巨额的旅游收入。虽然没有底特律、法兰克福车展的规模，在世界五大车展中属于"小家碧玉"型，但其特有的中立地位使得众多的参展商非常看好日内瓦车展。许多汽车制造商也乐于在日内瓦车展上推出新车。

第87届日内瓦车展（图6–14）于2016年3月1日拉开帷幕，全球汽车业巨头依旧带来旗下最新、最牛和最惊艳的汽车产品。从布展情况看，本届车展的三大关键词将引领今

图6–14　2016年日内瓦车展图片

年全球汽车市场。据统计，本届日内瓦车展共有近30款全新车型亮相，其中很多新车将陆续进入中国市场。

纵览本届日内瓦车展上拟发布的新车，“SUV”无疑是一个大热词汇。过去几年，SUV在中国车市大行其道，在全球车市也有类似情况。正因如此，各大汽车豪门也纷纷加入了这场由SUV引领的车市盛宴。其中，最引人关注的莫过于意大利豪车制造商玛莎拉蒂，该公司将在本届日内瓦车展上发布旗下首款SUV车型Levante。其他引人注目的SUV新车型还包括新款宾利Bentayga、捷豹旗下的F–PACE。另一家豪车厂商兰博基尼也正在计划推出自己的SUV车型。在消费者眼中，相对于普通轿车，SUV座椅更高、视野更好、后备箱空间更大，具有独特的魅力，世界各大豪车厂商也已经敏锐捕捉到了这一趋势。

第二个关键词是“豪车”。日内瓦车展历来有着“豪车辈出”的传统，除了上面提到的汽车豪门外，全球电动汽车行业的新贵特斯拉将首次在欧洲发布Model X SUV。同时，布加迪将发布售价高达250万美元的豪车Chiron，该车号称最高时速接近500 km，百公里加速只需短短2 s多。另外，传统德系豪车三强中，奥迪、奔驰也有新车推出。其他的顶级品牌，从保时捷到沃尔沃、阿斯顿·马丁再到法拉利，其新款豪车也将在车展上展出。

此外，“回归”也算是一个关键词。在本届日内瓦车展上，德国汽车工业发展史上的传奇品牌Borgward（宝沃）将重新进入消费者的视线。德国Borgward（宝沃）品牌起源于1919年，由天才汽车狂人卡尔·宝沃在德国不莱梅创建，其以革命性的技术、全面的产品谱系、超过当时德国60%的出口份额，一度成为德国第三大汽车生产制造商。

日内瓦车展正式创办于1924年，是全欧洲唯一一个每年举办的顶级国际汽车展。相对于其他顶级国际车展，日内瓦车展每年举办时间较早，因此全球主要汽车厂商均把它作为展示最新产品的最主要平台之一，这一切都让日内瓦车展成为“国际汽车潮流风向标”。

4. 法国巴黎车展（图6–15）

1898年6月，巴黎车展首次举办。

作为浪漫之都的巴黎，它的车展总能给人新车云集、争奇斗艳的感觉。充满时尚是历史悠久的巴黎车展的突出特点。

图6–15　1901年巴黎车展图片

1998年欧洲车迷期待已久的巴黎“百年纪念车展”举办，该届车展以“世纪名车大游行”的方式让众多观众在巴黎大街上一睹香车美女的芳容。2000年巴黎汽车展在凡尔赛门展览中心举办，共有来自全世界30多个国家的汽车厂商展示了667个品牌的产品，并且首次将展期由过去的12天延长至17天，还增加了低票价的18—22时的晚场参观时段，总参观人数在130万左右。

2014年，来自欧洲、北美洲、亚洲的几乎全球所有知名汽车厂商都参加了本届巴黎车展（图6-16），10余个品牌举行了新车首发活动。亚洲品牌包括本田新款CRV、起亚新一代索兰托、现代的新一代i20；欧美品牌里值得一提的是德国奔驰V级四驱版、AMGGT高性能跑车、宝马新一代X6，宝马两系敞篷新款车、新一代奥迪RS6旅行车；法国车中有雷诺家族最新款超低耗油的混合动力概念车ecolab、标致集团新一代308GT，以及美国福特推出了增加了四驱车型和混动车型的2015版蒙迪欧；此外保时捷、法拉利、劳斯莱斯、兰博基尼、捷豹、宾利等世界顶级汽车的多款跑车、豪华版商务车也眩目亮相2014巴黎国际车展。

图6-16　新能源车

除了众多新款车型的发布，各大汽车品牌推出的概念车也是吸引媒体和大众眼球的一大亮点。现在节能减排是汽车行业的趋势，在本届巴黎车展上，法国制造商雷诺就推出了一款1 L汽油可以跑100 km的新型节能车——ecolab概念车，并引发关注。

世界各大汽车巨头总喜欢将最先进的技术产品放在巴黎车展露面，而两年一届的巴黎车展也是概念车云集的海洋，各款新奇古怪的概念车常常使观众眼前一亮。

5. 日本东京车展

东京车展于每年10月底举行，单数年为轿车展、双数年为商用车展。历来是日本本土生产的各种千姿百态的小型汽车唱主角的舞台，这也是与其他国际著名车展相比最鲜明的特征，同时各种各样的汽车电子设备和技术也是展会的一大亮点。历史最短的东京国际汽车展发展非常之快，日本人对技术的崇拜使这一展会成为最新汽车科技的集中展示地。日本人建造了世界上最先进、设施也最完备的展馆，位于千叶县的幕张新馆。

环保和节能始终是东京车展的亮点，与其他西方大型车展相比，日本车展更具亚洲东方神韵。日本厂商多款造型小巧精美、内饰高档的车总能成为车展的主角。

三、中国主要车展

我国的汽车展销会起步比较晚，主要的会展城市有北京、上海、广州以及长春，随着汽车业的发展，越来越多的城市采取举办汽车展销会的方式，来推进本地区的汽车销售。

1. 北京国际汽车展览会

1990年的春天，中国汽车工业史上北京首个汽车展会——北京国际汽车展览会（简称“北京车展”）正式亮相，标志着中国汽车市场一个新的历史时代的来临。该展览会每逢双年在北京中国国际展览中心和全国农业展览馆举行，是在国际汽车展览会中著名的品牌展会之一，对促进中外汽车界的交流与合作、加快中国汽车工业的发展起到了积极的推动作用。

从1990年举办至今，北京车展已历经14届。据资料记载，1990年的首届北京车展，参展企业不到400家，且多是杂牌军，来自世界汽车业的名门望族更是凤毛麟角，前来参观的观众也不过10万余人。到2012年，北京车展已成为汇集20多个国家和地区的1 600多家厂商、近100万观众的国际品牌汽车专业展会，成为国内最受世界各大汽车知名企业重视，且与日内瓦、底特律等齐名的国际A级车展。

图6–17　2016年北京车展QX概念车（AR）

北京车展强调展会的服务，普及汽车知识及文化传播的功能。除了展示功能外，车展还精心设计了汽车知识竞赛、拆装轮胎大赛、汽车摄影大赛、车展模特大赛、现车竞拍、酷车DIY等融知识性、实用性、趣味性、娱乐性于一体的现场活动，其体验式、开放式、交互式的形式提高了参展方和参观者对展会的认同感。

2016年，北京车展有来自全球14个国家和地区的1 600多家参展商，共展示车辆1 179台；全球首发112辆，其中跨国公司全球首发车33辆、跨国公司亚洲首发车21辆、概念车46辆、新能源车147辆。

2016年度北京展会（图6–17）亮点是：豪华品牌SUV、新能源以及自动驾驶。

2. 上海国际汽车工业展览会

1）概述

上海国际汽车工业展览会（又称“上海国际车展”）每两年在上海举办一次，现已成长为中国最权威、国际最具影响力的汽车大展之一，成为中外汽车产业广泛交流与合作的重要展示平台，以及引导汽车消费、引领产业发展的重要载体。伴随着中国汽车工业的欣欣向荣和中国汽车市场的迅猛发展，上海国际车展逐步成长为中国乃至全球最具赞誉的汽车大展之一。到2015年，已经成功举办了16届。

1985年7月3日，第一届上海国际车展在上海工业展览馆（今上海展览中心）开幕。这也是中国最早的专业国际汽车展览会。来自22个国家和地区、共328家厂商参加，展馆面积1万m^2。开幕第一天，约有2万多人参观了车展。天津大发、南京依维柯等一批中外合资车企参展。刚刚成立4个月之久的上海大众也展出了桑塔纳以及后来“落户”长春的奥迪100。同时，一批国际汽车巨头开始露面。奔驰、通用、福特、雷诺、雪铁龙、标致、菲亚特、日产、马自达等第一次来到上海参展。

2004年6月，上海国际车展通过国际博览联盟（UFI）的认证，成为中国第一个经UFI

认可的汽车展。上海车展还以官方网站为平台，引进世界一流的网上互动多媒体交流与展览技术，举办"网上互动上海车展"，以高层次论坛配套，组织"中国汽车设计论坛"。车展期间，主办方邀请专家、媒体和观众代表组成评委会，举办"最佳展台设计"、"观众最喜爱的车"等评选活动，以及F1联动等配套活动。

2）第十六届中国上海车展

2015年4月21日，主题为"创新·升级"的第十六届上海车展全新亮相。在2013年主题为"创新·美好生活"基础上再次创新升级，其创新升级很重要的一个方面便是移师国家会展中心（上海）——目前世界上面积最大的建筑单体和会展综合体。（图6–18）。

图6–18　国家会展中心（上海）

本届车展共吸引来自18个国家和地区近2 000家国内外知名企业踊跃参展，展出整车1 343辆，展出总面积超过35万m^2，无论是展车数量还是展出面积都创出新高。本届车展特点如下：

（1）概念车扎堆；

（2）互联网+汽车引人关注；

（3）SUV依然火爆；

（4）技术展区成为亮点；

（5）成为自主品牌对外展示的一扇"窗口"。

在第十六届上海车展上，国内六大汽车集团上汽、东风、一汽、长安、北汽、广汽均以集团阵容重装亮相，奇瑞、吉利、长城、华晨、比亚迪、江淮、华泰、众泰、东南汽车、海马汽车、力帆、猎豹、陆风也各自推出全新车型。

任务三 汽车技能竞赛

（1）掌握汽车竞赛的作用。
（2）了解世界技能大赛的情况。

第44届世界技能大赛汽车技术项目上海地区选手选拔赛（4进2）在上海交通职业技术学院顺利举行（图6–19）。

图6–19　第44届世界技能大赛汽车技术项目上海地区选手选拔赛

选拔结束后上海集训队专家组组长对此次选拔进行了总结，并对第二阶段的集训提出了一些要求，希望选手能够在接下来的一个多月时间里争分夺秒，尽自己最大的努力，全身心投入训练，备战全国选拔赛，力争进入8强。

有关世界技能大赛的知识介绍详见下文。

一、技能竞赛概述

职业技能大赛是依据国家职业技能标准，结合生产和经营工作实际开展的，以突出操作技能和解决实际问题能力为重点的、有组织的群众性竞赛活动。职业技能竞赛应坚持社会效益为主和公开、公平、公正的原则，并与职业技能培训、职业技能鉴定、业绩考核、技术革新和生产工作紧密结合。职业技能竞赛应严格执行国家有关法律、法规。各种职业技能行业可在职业技能鉴定的基础上开展职业技能竞赛。

职业技能竞赛实行分级分类管理。具体分为国家级、省级和地市级三级，国家级又分为国家级一类竞赛和国家级二类竞赛。

职业院校技能大赛是指由教育部门牵头组织、联合相关部门行业共同举办，或受教育部委托由行业举办，面向职业院校在籍学生和专任教师，围绕职教专业和相应岗位要求组织的学生职业技能竞赛活动和教师教学技能竞赛活动。

职业院校技能大赛可分为教育部牵头组织的全国职业院校技能大赛、省级教育行政部门牵头组织或受教育部委托由行业举办的职业院校技能大赛和职业院校自行组织的校内技能比赛。

组织职业院校技能大赛，旨在树立“人人成才”的人才观念，引导建立符合职业教育规律的人才评价体系；根据岗位要求，推动职业院校专业改革与建设，提高职业教育人才培养的针对性和有效性。全国职业院校技能大赛自2002年开始举办，2008年落户天津并开设高职组比赛，2012年起在天津以外开设分赛区。

二、上海交通职业技术学院（上海市交通学校）2016年赛事

2016年10月29—30日，第10届Honda中国节能竞技大赛在广东国际车场激情开战，153支来自全国各个高校的参赛队、Honda在华关联企业、汽车媒体参与了这场角逐。

上海市交通学校的骆驼队再次出征，第3次参加EV组（电动组）的比赛，也是该组别所有参赛队中唯一一支中职学校参赛队（图6–20）。

图6–20　上海市交通学校骆驼队师生

2016年11月，上海交通职业技术学院参加了“金源诗琴”杯全国机械行业职业院校技能大赛（图6–21），学院选手荣获一个二等奖、一个三等奖、一个优胜奖；指导教师获得“优秀指导教师”称号。

图6–21 “金源诗琴”杯全国机械行业职业院校技能大赛

2016年11月24日，上海交通职业技术学院代表队在北京卡丁车赛场进行了“星辉挑战赛”，并获戴姆勒最佳创新奖。戴姆勒星辉挑战赛由戴姆勒铸星教育项目的学生在戴姆勒中国教育十周年之际构想、设计、制造、开发完成一辆小型电动赛车并参加比赛（图6–22）。

图6–22 上海交通职业技术学院代表队参加戴姆勒“星辉挑战赛”（AR）

上海交通职业技术学院第19届技能节暨上海市“星光计划”第七届职业院校技能大赛预赛于2016年12月23日举行，学院汽车工程系开设了具有专业特色的比赛项目，比赛汽车检测与汽车营销综合技能（图6–23）。

图6-23　上海交通职业技术学院第19届技能节

三、世界技能大赛（图6-24）

世界技能组织成立于1950年，其前身是“国际职业技能训练组织”，由西班牙和葡萄牙两国发起，后更名为“世界技能组织”（图6-24）。世界技能组织注册地为荷兰，截至2015年4月共有74个国家和地区成员。其宗旨是：通过成员之间的交流合作，促进青年人和培训师职业技能水平的提升；通过举办世界技能大赛，在世界范围内宣传技能对经济社会发展的贡献，鼓励青年投身技能事业。

图6-24　世界技能组织标志

世界技能大赛由世界技能组织每两年举办一届，被誉为“技能奥林匹克”，是世界技能组织成员展示和交流职业技能的重要平台。

世界技能大赛比赛项目共分为6个大类，分别为结构与建筑技术、创意艺术和时尚、信息与通信技术、制造与工程技术、社会与个人服务、运输与物流，共计46个竞赛项目。大部分竞赛项目对参赛选手的年龄限制为22岁以下，制造团队挑战赛、机电一体化、信息网络布线和飞机维修这4个有工作经验要求的综合性项目，选手年龄限制为25岁以下。

往届世界技能大赛主要在欧洲举办。亚洲举办过4届，即第19届（1970年）日本东京、第32届（1993年）中国台北、第36届（2001年）韩国汉城（现首尔）、第39届（2007年）日本静冈县。经各成员国和地区投票，确定第44届世界技能大赛将于2017年在阿联酋阿布扎比举办，第45届世界技能大赛将于2019年在俄罗斯喀山举办。

为推动我国技能人才走上国际舞台、学习借鉴国外开展职业培训和组织技能竞赛的经验做法，人力资源和社会保障部代表我国政府申请并于2010年10月正式加入世界技能组织。2011年10月，中国首次派出代表团参加在英国伦敦举办的第41届世界技能大赛6个项目的比赛，其中1个项目获得银牌，5个项目获优胜奖。2013年7月，中国再次派出代表团参加在德国莱比锡举办的第42届世界技能大赛22个项目的比赛，其中1个项目获得银牌、3个项目获得铜牌、13个项目获优胜奖。2015年8月，中国第三次组团参加在巴西圣保罗举办的第43届世界技能大赛29个项目的比赛，取得5枚金牌、6枚银牌、3枚铜牌和12个优胜奖的佳绩，创造了中国代表团参加世界技能大赛以来的最好成绩，实现了金牌“零”的突破。

在汽车领域：杭州技师学院的杨金龙获得汽车喷漆项目金牌奖；上海市杨浦职业技术学校罗良获得车身修复项目银牌奖。

四、2016年中国技能大赛——第44届世界技能大赛全国选拔赛概况

2016年8月13日，人力资源和社会保障部在上海举行2016年中国技能大赛——第44届世界技能大赛全国选拔赛的开幕式（图6-25）。8月13—14日在上海举行的全国集中选拔赛，涵盖了第44届世界技能大赛六个领域15个项目。全国有20多个省市和行业组织开展省级和行业选拔赛，共有43个代表队、1 035名选手参加了选拔赛。

图6-25　全国选拔赛开幕式

2016年9月28日，第44届世界技能大赛全国选拔赛闭幕式在广州举行。此次选拔出的400多名选手于2016年10月进入第44届世界技能大赛各项目中国集训基地，开始为期一年的备战训练。其中，车身修复项目有11人，汽车技术项目10人，汽车喷漆项目9人，重型车辆维修项目9人。

五、技能竞赛的意义

1）职业技能大赛强化了职业院校“以就业为导向”的办学模式（图6-26）

高职院校的人才培养强调的是职业能力和创新能力培养。培养目标是既具备大学程度的专业理论知识，又具有高超的职业技能；既能读懂工程图并将其在一定程度上转化为物质实体，又能进行现场技术管理和实施，使学生的理论知识与实践技能融会贯通。

通过参加职业技能大赛，可展示职业院校学生扎实的理论知识，训练有素的操作技艺，解决问题的能力，勇拼搏、能吃苦、善合作的精神面貌。通过技能的比拼，使大家对职业院校学生基础差、素质差的不良印象完全改变，同时，也树立了职业院校的新形象，提高了职业院校学生的就业率。实现了职业院校提出的“进来的是学生，走出的是能手”培养目标。

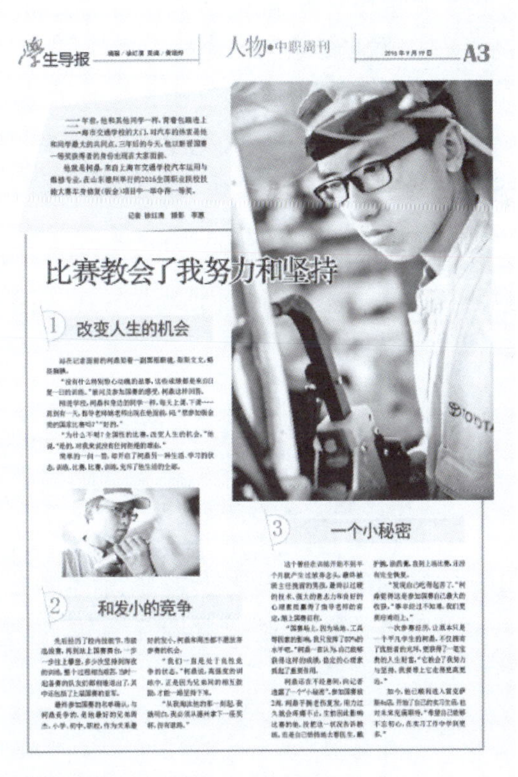

学生导报　人物·中职周刊　A3

比赛教会了我努力和坚持

1 改变人生的机会

2 和发小的竞争

3 一个小秘密

图6–26　学生在比赛中受益匪浅

2）职业技能大赛推动了人才培养模式的改变

技能培养需要具备完备的实训条件，成本高是职业教育与普通教育最大的区别。如果职业教育和本科教育一样重理论、轻实践，重知识、轻技能，成为普通高等教育的“压缩版”，那么培养出来的学生就没有市场竞争力，不能适应市场需要，职业发展就会陷入困境。目前，职业教育受传统教学模式和办学经费的影响，培养计划中课程设置与本科教育差不多，新增的实训课程与理论课程的比例不当。由于生源的固有特点，学生学习主动性不高，整体学风不甚理想，培养出的学生理论不扎实，技能不强。因此，职业院校必须在专业发展方向的确定、培养计划的制定、人才培养模式上下功夫，要找出与普教人才培养的区别。

3）职业技能大赛能促进职业院校实训基地建设

“校企合作”“工学结合”“顶岗实习”等都是现代职业教育的新思路，但它们共同的难点是如何吸引企业参与学校的学生培养，技能大赛则可以作为双方合作的媒介。

4）职业技能大赛提高了教师的技术水平和教学能力

高职学生就业面向的是企业的生产一线，技能比赛的题目也来自企（行）业的生产实际，这就要求指导老师必须具有丰富的生产实践经验和很强的技术能力。由于要指导学生进行技能比赛或自己参加比赛，老师会主动通过各种途径和方法，结合企（行）业实际不断地学习，提高自己的技术水平和教学能力，从而也促进了实践教学水平的提高。同时，由于各院校竞赛获奖情况都与学校对教师的绩效考核相关，因而也促使广大教师积极参加到竞赛活动中来。只有提高教师的实践技能，才能有效地提高教学质量，实现教师、学生共同进步。

5）职业技能大赛能促使全社会重视和支持职业教育

职业院校通过参与各类职业技能大赛，展示了职业教育的优秀教育成果，让全社会都看到职业教育的重大进步，职业院校培养的学生也能成为技术能手。另外，现在企业都面临技工荒也切实体现出了职业教育的重要性，如有些企业甚至愿意用几十万元年薪聘请高级技工，说明社会对职业教育的需求是很迫切的。这也有效地引导全社会进一步重视和支持职业教育。

任务实施

利用学校多媒体教室，查找上海汽车博物馆信息、上海赛车场车赛信息、汽车展销信息。利用周末，去安亭汽车博物馆参观，到赛车场观察F1跑道，观赏汽车竞赛。

练一练

一、填空题

1. 世界上最早的汽车赛是1887年4月20日，由__________《汽车》杂志主编弗谢筹办的、从巴黎沿塞纳河畔直至努伊的汽车比赛。
2. 各种各样的汽车比赛统称为__________，它是世界范围内的一项影响力较大的体育运动。
3. “国际汽联”或“FIA”，以推动__________为宗旨，并负责全球汽车俱乐部和各种汽车协会的活动。当时总部设在__________，它是汽车运动的最高权力机构。
4. 国际汽联于1922年成立了下属机构__________，其主要任务是制定有关参赛车辆、车手、路线及比赛方法等相应规则。
5. 世界一级方程式锦标赛（F1）与__________、__________并称为世界三大体育赛事。
6. F1车队由三个部分组成：一是__________；二__________；三是__________。
7. F1历史上，最高车速的记录是全场平均速度325 km/h，是由__________所创造的。
8. 2013年12月29日，德国一级方程式赛车车手__________在法国阿尔卑斯山区滑雪时发生事故，头部撞到岩石，严重受创，至今没有康复。
9. 德国__________车展、美国__________车展、瑞士__________车展、法国__________车展和日本__________车展被誉为当今五大国际车展。
10. 上海国际车展每__________年在上海举办一次。
11. 2015年4月21日，主题为__________的第十六届上海车展举办。

二、判断题（对的打√，错的打×）

1. 2016年11月6日，2016世界耐力锦标赛（WEC）上海站的比赛在上海国际赛车场落幕。（　　）

2. 国际汽车联合会简称“国际汽联”或“FIA”。 (　　)

3. 第一个被清楚地制定的“方程式”是FIA在1904年做的，就是限定赛车的最低车重。 (　　)

4. 中国汽车运动联合会简称中国汽联（FASC），其前身为中国摩托运动协会，1975年成立于北京，1983年加入国际汽车联合会。 (　　)

5. 随着赛车运动的发展，赛车运动种类越来越多，根据比赛场地的特点分为场地赛和非场地赛两种。 (　　)

6. 汽车赛事F1、WRC、勒芒24小时耐力赛并称为世界三大汽车赛事。 (　　)

7. 2004年9月26日，F1方程式汽车大赛在我国上海首次登陆。赛场设在北京的奥迪国际赛车场赛道。 (　　)

8. 车手埃尔顿·塞纳是巴西的赛车手。 (　　)

9. 东京车展每年10月底举行。 (　　)

10. 1990年春，中国汽车工业史上首个汽车展会——“北京国际汽车展”正式亮相。 (　　)

7

项目七　汽车趣闻

项目概述

汽车的诞生、发展是一个漫长的过程，在这个过程中很多人都为之做出过不可磨灭的贡献，很多国家也是在排除各种障碍的前提下来发展汽车行业的。所以在这个过程中发生了很多事情，发生了许多让人回味无穷的故事。

任务一　汽车发展插曲

学习目标

（1）了解汽车发展过程中的名人趣事。

（2）了解世界上第一位女驾驶员的情况。

（3）了解出租车的由来。

任务导入

1902年，官拜直隶总督的袁世凯为了讨好慈禧，购进一辆第二代奔驰牌小轿车作为贡礼送给了慈禧太后。慈禧从没有见过这种先进的洋玩意儿，第一次乘坐汽车去颐和园游览时，却发现马车夫孙富龄成了现在的汽车司机，还坐在自己前面，觉得有失自己尊严，立即责令他跪着开车。司机只好跪着驾驶，但手不能代替脚踩油门和刹车，路上险些酿成大祸。

无奈慈禧中途又换上她的十六抬大轿。后来，此车作为皇宫遗物在紫禁城闲置起来。

辛亥革命后，此车又从紫禁城移到颐和园存放至今。经专家鉴定，这是我国进口的第一辆汽车，距今已100多年，成为一辆世界罕见的老爷车，受到世人瞩目。

知识准备

一、世界上第一位女驾驶员

卡尔·本茨在1885年年底成功研制出了现代汽车的雏形：奔驰1号，并于1886年1月29日在德国皇家专利局成功申请了专利，而这一天也被公认为汽车的生日。奔驰1号是一辆后置后驱的三轮汽车，动力系统搭载了最大功率0.8马力的单缸四冲程汽油发动机，最高车速为16 km/h。

图7–1　“汽车之父”卡尔·本茨的妻子贝尔塔·本茨

在汽车刚刚诞生的岁月里，公众普遍对这项颠覆了传统马车的发明没有好感，甚至将汽车视为只会制造噪声和散发臭气的“怪物”，这让卡尔·本茨在此后很长一段时间里都不愿把汽车开出实验室。然而，他的妻子贝尔塔·本茨（图7–1）却希望能让人们认识到汽车的实用性。

1888年8月的一天，贝尔塔决定瞒着丈夫开车带两个儿子回趟娘家。为了不被本茨发现，母子三人（图7–2）将最新作品“奔驰3号”推到离实验室足够远后才将它发动。他们从曼海姆出发，目的地是104 km之外的普福尔茨海姆。

一路上，他们遇到了各种险阻。在经过威斯洛赫城时车没油了，贝尔塔在路边的药房加了粗汽油。紧接着，一个陡坡拦住了他们的去路，贝尔塔让二儿子控制方向，她和大儿子在后面推车翻过了陡坡。

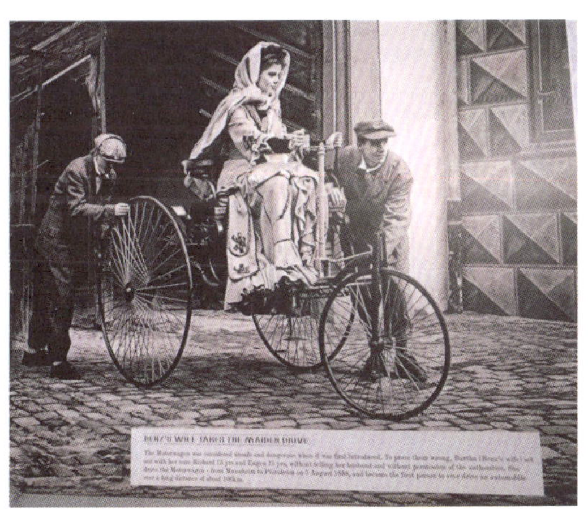

图7–2　贝尔塔·本茨是世界上第一位驾驶汽车的女士（AR）

随后，布鲁赫萨尔的一个铁匠帮她修了链条，在保释罗特她又更换了刹车片。此外，油路堵住时，她用帽子上的发针将其修好；点火导线和发动机其他部分发生短路时，她又用吊袜带做绝缘垫将导线绝缘。

从黎明到日落，三人终于到达了普福尔茨海姆。这是历史性的创举，当时世界上还没有任何一辆汽车跑过这么远的路程，此前所有的汽车旅行都是短途的试验性质，而贝尔塔·本茨也因此成为世界上第一位驾驶汽车的女士。

二、出租车的诞生

1907年初春的一个夜晚，富家子弟亚伦同他的女友去纽约百老汇看歌剧。散场时，他去叫马车，虽然离剧场只有半里路远，车夫竟漫天要价，多出平时10倍的车钱。亚伦感到太离谱，就与车夫争执起来，结果被车夫打倒在地。亚伦伤好后，为报复马车夫，就设想利用汽车来挤垮马车。亚伦知道在法国有一种根据路程计算出马车费的装置，叫“Taximeter”（计程器）。法文“Taxi”源自拉丁文，是收费的意思。后来亚伦请了一个修理钟表的朋友设计了一个计程仪表，并且给出租车起名“Taxi-car”，而且把“TAXI”标在车身上。

1907年10月1日，亚伦的出租车营运典礼揭幕。24辆漆成浅黄色、中间加一道灰线的出租车成为众人注目的焦点。后来，亚伦吸收不少马车夫当驾驶员。由于出租车不断增多，而且优越性大大超过马车，汽车最终击败了马车。

为了复仇，亚伦意外地开创了出租车这一行业。这就是现在全世界通用的“Taxi”的由来。

三、最早的汽车广告（来源于上海汽车博物馆）

图7-3　最早的汽车广告

据查最早的汽车广告出现在1898年8月13日的《科学美国人》杂志中，是一家位于俄亥俄州克利夫兰市名为The Winton Motor Carriage Co.的汽车制造商刊登的广告（图7-3），其文案中写道：“DISPENSE WITH A HORSE. THE WINTON MOTOR CARRIAGE”。翻译过来就是“让骡子和马都歇了吧。温顿牌汽车”。

在汽车出现的早期，它的主要竞争对手还是马车，汽车制造商要做大量工作说服人们放弃传统马车，改用汽车。

四、第一个交通信号灯

1868年，在伦敦威斯敏斯特区乔治大街和布里奇大街交叉的路口上，安装了世界上最早的交通信号灯（图7-4）。信号灯由红色和绿色的旋转方形玻璃灯组成。在它脚下，一名手持长杆的警员转换灯的颜色。红色表示“停止”，绿色表示“通过”。同年12月10日起正式使用。

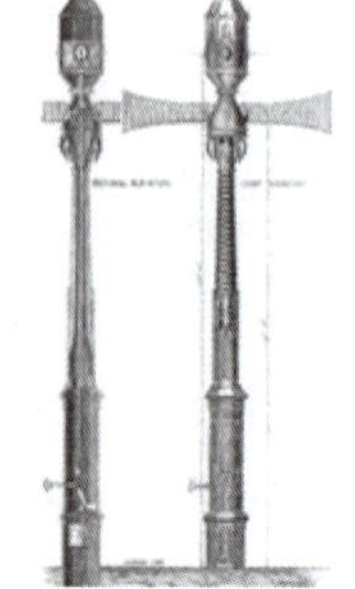

图7-4　第一个交通信号灯

五、老爷车大赛

图7-5　赛场上的老爷车

老爷车（图7-5）一般是指出厂日期在20年以上的汽车，资格老的老爷车是指1907年以前生产的汽车，一般是出厂年份越早，制造数量越少，车子越珍贵。

英国伦敦每年举行一次老爷车比赛。

除了意大利举行的“MilleMiglia老爷车大赛”外，具有国际影响力的老爷车赛事还有“北京-巴黎的老爷车拉力赛”“路易威登老爷车中国之旅”“环游地球80天老爷车全球行拉力赛”“老爷车环球拉力赛”和“伦敦至布莱顿的老爷车比赛”等。

1925年7月21日，在德国慕尼黑举行的一次老爷车拉力赛上，81岁高龄的卡尔·本茨驾驶着他发明的三轮奔驰汽车参加了比赛，这一赛事被载入《世界最初事典·体育篇》。

2016年9—10月，上海汽车博物馆的古董车又开始出征，参加国内的一系列古董车巡游、拉力、展示活动。2016年9月2日，第三届“中国国际名城经典汽车拉力赛”率先登场，参赛车辆有40余辆，本次名车名城活动延续上两届的模式，分为北京和上海两站，除以汽车集结赛为核心内容外，更有精彩缤纷的一系列落地汽车文化推广活动。在9月2日开始的是第三届“2016中国国际名城经典汽车巡礼——北京站”活动，来自全国各地数十个品牌的40余辆古董车9月3日从京郊的延庆正式发车，开往拥有“塞外山城”之称的张家口；随后的上海站，从城市中心地标上海东方明珠电视塔出发，途经江南水乡乌镇，驶向秋意秀美的千岛湖。

图7-6　上海汽车博物馆参赛的1964年德国产欧宝RECORD A（AR）

作为此次赛事最重要的战略合作伙伴之一，上海汽车博物馆派出自己的馆藏精品——1964年德国产欧宝RECORD A（图7-6）和1967年意大利产阿尔法GUILIYA GTV全程参与其中。

任务二 汽车分类趣闻

（1）了解汽车基本分类原则。

（2）了解老爷车、卡丁车、皮卡车的由来。

任务导入

跑车属于一种低底盘、线条流畅、动力突出的汽车类型，其最大特点是不断追求速度极限。跑车的分类有很多种，按车身结构可分为轿跑车、敞篷跑车、双门跑车等，按价值可分为平民跑车、豪华跑车、超级跑车等。

跑车的目的在于“把赛车运动带入家庭生活”，它的问世给了很多痴迷于赛车运动的普通人体验赛车手的机会，所以跑车的定义也可以理解为“赛车的民用版本”。跑车的车身一般为双门式，即只有左右两个车门，双座或2+2座（两个后座特别狭窄），顶盖为可折叠的软质顶篷或硬顶。由于跑车一般只按两个驾乘设置座位，车身轻便，而其发动机一般又比普通轿车发动机的功率强大，所以比普通轿车的加速性好，其车速也较高。

可见，跑车的概念是有别于普通车辆的分类的，下面来看看还有哪些车是属于这种情况。

知识准备

一、老爷车（图7–5）

“老爷车”一词，最早出现在1973年英国出版的《名人与老爷车》的杂志上，尽管它的直译应该是“经典的古老汽车”，但由于“老爷车”这个词强烈的拟人色彩，此名称很快得到了各国汽车界人士的认可并迅速蔓延，成为世界各地爱好者对老式汽车的统一称谓。

但是对老爷车至今没有一个公认的标准定义，汽车史学家及老爷车爱好者仍在争论不休。美国老爷车俱乐部把其属意的品牌或车型（如1925—1948年间生产）列为完全古典车（FULL CLASSIC），其定义为“非凡的汽车，拥有优良设计，高工艺标准及制作”，取向偏好美国品牌，对于欧洲产品则有沧海遗珠之憾。

并不是每一辆“旧”汽车就有资格成为老爷车，保养完好是重要的先决条件。市场上，有经典设计的汽车并不多，正如时下大多数汽车都是低成本生产的四门家庭小汽车，只是代步工具而已。

二、卡丁车（图7–7）

卡丁车是英文KARTING的译音，意为微型运动汽车，卡丁车运动于1940年在东欧开始出现，到了20世纪50年代末才在欧美普及并迅速发展起来。它的结构极其简单，一个车架、一台两冲程发动机、四个独立车轮便构成了卡丁车的全部。因其具有易于驾驶、安全而又刺激的特点，所以迅速风靡世界，1962年由国际汽车联合会巴莱斯特主席创议成立了国际汽车联合会卡丁车委员会，后更名为世界卡丁车联合会。

图7–7　卡丁车

三、皮卡

皮卡是汽车市场的一个重要组成部分。皮卡（pick-up）是一种采用轿车车头和驾驶室，同时带有敞开式货车车厢的车型。其特点是既有轿车般的舒适性，又不失动力强劲，而且比轿车的载货和适应不良路面的能力还强。最常见的皮卡车型是双排座皮卡。皮卡既可作为专用车、多用车、公务车、商务车，也可作为家用车，用于载货、旅游、出租等。所谓的"皮卡"就是轿车和货车的杂交品种。随着改装发烧友规模扩大，皮卡改装越来越成为改装发烧友热衷的门类。在美国，皮卡十分畅销。

20世纪20年代，皮卡产品首先在美国出现，它在美国是非常实用和常见的一种交通工具，并且深受美国人的热爱，它是美国现代牛仔文化的象征。随着美国皮卡市场的繁荣，皮卡也向世界其他地区延伸。

1965年的美国雪佛兰"卡米诺"见图7–8，这是基于轿车底盘设计的小型皮卡，车身喷涂了特殊的珠光漆。

图7–8　雪佛兰"卡米诺"

任务三 汽车命名典故

（1）了解汽车命名的故事。

（2）了解汽车命名的原则。

任务导入

在汽车的名字中，很多车的命名是根据神话传说，如日本汽车“马自达”是源自西亚神话中一种创造铁器、车辆的文明之神阿费拉·马自达。有的取意于动物，如日本日产公司的“蓝鸟”，通用公司的“云雀”，福特公司的“雷鸟”“美洲虎”，意大利名车“雷豹”均为动物之名。有的具有象征意识，如韩国现代汽车公司的“现代”名车，喻示该产品的现代意识。有的借助地名，如日本的“丰田”，车名源自开发产地在丰田市，类似的车名有沈阳“松辽”、哈尔滨“松花江”、南京“金陵”等。有的用创始人的名字命名，如“奔驰”“福特”等。有的是纪念名人，如“林肯”之名取自美国总统林肯。有的汽车名字是时代印记，如南京汽车制造厂在1958年“大跃进”年代开发了第一辆轻型载货汽车，该车命名为“跃进”，类似的车名有一汽的“红旗”、二汽的“东风”“富康”、广东的“三星”、江西的“富奇”等。有的作为引进标志，如江西汽车制造厂与日本五十铃公司的合作，车名为“江铃”，类似车名有“庆铃”“长安奥拓”“广州标致”“五羊–本田”“安徽凯斯鲍尔”等。

知识准备

一、梅赛德斯品牌的由来

图7–9 梅赛德斯

1889年9月16日，埃米尔·杰林耐克的第三个孩子在维也纳出生，杰林耐克夫妇给这个女儿取了一个西班牙的基督教名字——梅赛德斯（图7–9）。“梅赛德斯”取自西班牙语，有“优雅”的含义。

1897年杰林耐克到甘斯塔特旅行中专程到戴姆勒汽车工厂进行参观，然后订购了他的第一辆戴姆勒汽车—— 一辆6马力用皮带驱动的二缸发动机的汽车型号，并于1897年10月交付使用。但杰林耐克不久发现，汽车的最高速为24 km实在太慢了，为此，他又订购了2辆最高时速为40 km的汽车。1898年9

月，世界上第一辆8马力的带四缸发动机的戴姆勒汽车“凤凰号”送到杰林耐克手中。

从1898年开始，杰林耐克作为一个商人致力于推广和销售戴姆勒汽车给社会的上层阶级。1899年，戴姆勒提供了10辆汽车给杰林耐克，截至1900年，戴姆勒公司共供应了29辆汽车给杰林耐克。

1900年4月，杰林耐克与戴姆勒公司签订了一份有关汽车和发动机销售的合约。另外，合约中还提到开发一种新的发动机。两个星期后，杰林耐克用550 000马克订购了36辆采用全新发动机的汽车。几个星期后，他订购了另外36辆带8马力发动机的汽车。杰林耐克在下订单的时候提出了两个条件：一是他要获得奥匈帝国、法国和美国的独家代理权；二是这批汽车要以他的女儿梅赛德斯（Mercedes）的名字来命名。

这个新名字极受欢迎，不久后戴姆勒公司把全部汽车都命名为“Mercedes”。1902年，“Mercedes”成为注册商标。

二、奥迪的四环联盟

奥迪是德国历史最为悠久的汽车生产厂家之一，奥古斯特·霍希就是奥迪的开山鼻祖。19世纪末期的德国，汽车厂家林立，数十家汽车生产厂都把汽车视为一块肥肉。作为一名汽车工程师，霍希在卡尔·本茨位于曼海姆的车厂工作了3年。1899年11月14日霍希在科隆组建了属于自己的汽车厂——August Horch，那一年他只有31岁。1904年，August公司搬到了茨维考市，在那里开始了自己的汽车生产。1909年，霍希又成立了一家新的汽车公司，新公司的名称来自霍希的合伙人菲肯彻尔做拉丁文作业的小儿子。原来，“Horch”翻译成英文是“听”的意思。而听的拉丁文则念作“Audi”（奥迪）。于是，一个伟大的汽车品牌就在不经意间诞生了，时间是1910年4月25日。

提到奥迪的发家史，就不能不提到漫游者Wanderer和DKW。Wanderer是于1885年在克姆尼茨成立的一家修理自行车的公司。1902年，漫游者生产出其第一部摩托车。至于生产汽车的梦想是在1913年实现的。这部命名为“Puppchen”的小型双座车受到了汽车市场的热烈欢迎，成为德国汽车工业初期成功的典范之一。

DKW则是起源于丹麦人拉斯姆森1904年在克姆尼茨创立的一家公司。拉斯姆森并不是汽车方面的专家，但是在经营方面则是行家里手。1907年，拉斯姆森收购了茨寿堡的一家濒于倒闭的纺织厂，开始生产汽车和摩托车配件。1916年开始，DKW开始研究用蒸汽机驱动的汽车以备战争之需。1919年，DKW设计生产了一款两冲程小型发动机，于1922年服务于DKW商标下的摩托车上，取得了巨大的成功，不到10年功夫，DKW终于成为世界上最大的摩托车生产厂家。

图7–10　奥迪商标

Horch、Audi、Wanderer和DKW在1932年6月29日终于走到了一起，组成了实力强劲的汽车联盟公司。公司的标志就是那迷人的四个圈圈（图7–10）。它代表了四家创始公司紧密的伙伴关系并成为一个汽车神话的开始。新公司的总部就设在克姆尼茨，它是德国当时第二大汽车制造商。

在汽车联盟公司内部，每一个品牌都分配了特定的目标市场：DKW承担了摩托车和小型汽车的市场，漫游者则负责中型汽车的制造，奥迪生产豪华级中型汽车，霍希制造豪华顶级轿车。四环汽车联盟在1945年第二次世界大战结束后被苏联红军所收容。于是，公司向巴伐利亚转移，于1949年在因戈尔施塔特成立了新的汽车联盟公司，重新树起了四环标志。首次驶下新公司生产线的车辆是DKW引以为豪的两冲程发动机装备的摩托车、轿车和小型货车。1965年，公司推出了战后具有历史意义的四冲程发动机的车辆。这时，新产品需要有新的名字，随着DKW商标退出历史舞台，新的四冲程发动机车辆终于重新被冠以“奥迪”商标。

三、小名字大讲究——探索标致车数字命名故事

1929年10月，标致201型在巴黎车展上亮相，这款车首次在型号数字中间出现“0”。自该车型之后标致便采用了现有的车型命名制度：首位数代表车辆尺寸，从以“1”开头的微型车（例如107）到以“8”开头的大型货车（例如807），中间的“0”表示是常规车型，而“00”则表明是变体车型（跨界/SUV，例如2008、3008、4008）。标致一直沿用这种命名方式并将其全部正式注册，如：

201——标致公司第一个使用编号的车型；

203——1960年前共生产69万辆；

403——标致第一款单一车型过百万辆；

504——1969年欧洲年度车型大奖；

205——产量530万辆，被誉为“神车”；

405——产量300万辆，1988年欧洲年度车型大奖；

206——1998年诞生，总销量已超过550万辆（在产），获得包括德、日在内的20多个国家“年度车型”奖项，2001年后成为欧洲最佳销量车型，连续5年年产量近80万辆（最高时年产85万辆），成为标致单一车型销售冠军，206CC是世界上销售最多的敞篷车；

307——2001年4月诞生，总销量已突破250万辆，获2002年欧洲年度车型大奖及10余个国家年度车型大奖，年产量约60万辆。

以阿拉伯数字命名的汽车不只是标致，德国知名跑车制造商保时捷，从旗下第一款356开始便以三位阿拉伯数字命名，包括后来陆续诞生的550、924、968，还有历来最受欢迎的911等。宝马也为旗下产品规划了1、2、3、5、6、7等车系。此外，还有采用天文、动植物、特定人物、神话传奇以及希腊字母等的车型命名方式，不过，到了21世纪之后，不少车厂皆回归以往欧洲车厂所偏好的“数字+英文字母”的命名方式。

任务实施

征求学校系里、教务处以及学生处意见，组织参观上海汽车博物馆。

练一练

一、填空题

1. 中国国土上出现的第一辆汽车是__________。
2. 世界上的第一位女驾驶员是__________。
3. 第三届“2016中国国际名城经典汽车巡礼——北京站”活动中，上海汽车博物馆派出自己馆藏的__________和__________全程参与其中。
4. 梅赛德斯是__________的女儿。
5. 奥迪汽车商标的四个环分别代表__________、__________、__________和__________。

二、判断题（对的打√，错的打×）

1. 梅赛德斯是戴姆勒的女儿。（　　）
2. 日本汽车“马自达”源自西亚神话中一种创造铁器、车辆的文明之神阿费拉·马自达。（　　）
3. 日本的“丰田”，车名源自开发产地丰田市。（　　）
4. 江西汽车制造厂与日本五十铃公司合作，车名为“江铃”是一种引进标志。（　　）
5. 一汽的“红旗”、二汽的“东风”都具有时代纪念意义。（　　）
6. “凯迪拉克”是为了纪念此车的创始人而命名的。（　　）
7. 在伦敦威斯敏斯特区乔治大街和布里奇大街交叉的路口上，安装了世界上最早的交通信号灯。（　　）
8. 资格老的老爷车是指1907年以前生产的汽车。（　　）
9. 最常见的皮卡车型是双排座皮卡。皮卡既可作为专用车、多用车、公务车、商务车，也可作为家用车，用于载货、旅游、出租等。（　　）
10. “松花江”是以汽车生产基地命名的。（　　）

8

项目八　未来汽车

项目概述

汽车的诞生使人类社会发生了翻天覆地的变化，而随着汽车的大量使用，对人类生存的环境也产生了巨大的影响，能源问题、环境问题也成为人们关注的重要问题。这也就给人们研发汽车指明了方向。

任务一　概念车

（1）掌握概念车的定义及分类。

（2）了解概念车欣赏的注意事项。

任务导入

在上海汽车博物馆里存放着一辆车，如图8-1所示。其外形奇特，就像一个放大版的鼠标，车顶是玻璃制成，车轮更是奇特无比，引得游人驻足欣赏。

图8-1　概念车（AR）

一、"概念车"的定义

所谓"概念车"，就是尚未开始进入市场的一种设计独特且具有一定超前意识的新车型。其主要特点就是：它必须是能给人以思考、能引导新观念的汽车。一般在它刚设计出时，人们的审美观念、消费能力甚至于汽车制造工业的水平还难以承受。一般它会以前卫的外形设计、创新材料的大胆运用、更完美的性能、全新的汽车室内设计等预示着汽车工业的发展方向。

世界一些大汽车公司每年都花费大量的人力、物力设计自己的概念车，并在一些大型汽车博览会上展示。可以说，随着概念车的不断推出，不久的将来就可能会出现具有今天某些概念车的某些特征或功能的汽车。但不一定每一辆概念车都会最终演变为量产车进入市场，大多数的概念车最终只能是个"概念"为人们讨论、研究而已。

二、概念车在现实中的意义

1. 反映汽车产品设计开发的发展趋势

在历届国际汽车大展中，各大汽车公司发布和推出许多概念车，这些概念车除了造型优美之外，还更多地融入了大量现代的高新技术及手段，概念车的推出成为汽车公司引以为豪的理念。

概念车的研究与开发往往都伴随着新技术和新材料的使用，带有一定的前瞻性，预示着一个新的发展阶段和开端。

汽车的功能也进一步扩展。在概念车的开发中，汽车逐渐由冰冷的机器变成人类交流的信息平台，如有的概念车有自己表达感情的方式，具备喜、怒、哀、乐等表情，这些都使得概念车高高地超越于量产汽车，成为一个新的时代的象征。

概念车的设计对汽车产品产生越来越大的影响，它代表了汽车产业的发展方向和基本思路，是汽车公司设计水平和科技水平的象征。

2. 能使人类生理需求和心理需求得到最大满足

人机工程学是20世纪50年代初迅速发展起来的一门新学科，其目的在于研究、解决工程技术设计与人体之间的关系。而汽车车身设计中的人体工程学，则是要以人（驾驶员、乘客）为中心，从人体的生理、心理和人体的运动出发，研究车身设计时、在布置和设备等方面，如何适应人的需要，创造出一个操纵方便、安全可靠、美观舒适的驾驶环境和乘坐环境，即设计一个最佳的人—车—环境系统。

汽车设计中的人机分析首先需要对人体各部分尺寸进行测量、统计和分析，在进行室内布置设计时以此为依据，确定车内的有效空间，以及各部件、总成（座椅、仪表板、方向盘等）的布置位置和尺寸关系：通过对人体生理结构的研究，使座椅设计充分符合人体乘坐舒适性要求。根据对人体的操纵范围和操纵力的测定，确定各操纵装置的布置位置和作用力大小，使人体操纵时自然、迅速、准确、轻便，以降低操纵疲劳程度。通过对人眼的视觉特性、视野效果的研究，试验、校核驾驶员的信息系统，以保证驾驶员能获得正确的驾驶信息。根据人体的运动特点，研究汽车碰撞时对人体的合理保护，正确地确定安全带的铰接点位置和对人体的约束力，研究振动时对乘坐舒适性的影响，研究乘客上下车的方便性，以确定车门的开口部位和尺寸。根据人体的生理要求，合理地确定和布置空调系统；研究人的心理特性和要求，设计一个舒适、美观、轻松的乘坐环境。

3. 充分运用虚拟产品开发技术

目前，越来越多的汽车设计公司及制造公司开始使用虚拟产品开发技术，采用三维（3D）虚拟实境技术开发概念车。欧宝汽车即采用3D虚拟实境技术设计开发概念车。设计人员可以亲身体验飘浮在空中的虚拟影像汽车设计和制造，节省了可观的开发费用，并计划推广到其在北美的14座装配厂去。英国的劳斯莱斯、法国的雷诺、德国的奥迪，以及意大利、瑞典等的汽车厂都在积极进行这种虚拟设计、制造。

三、概念车分类

概念车有两种：一种是设计理念模型，另一种是量产的概念车。

前者是用来展示设计理念、技术的，短期内还不能成为在公路上跑的实际汽车，它的设计特色鲜明、设计思想超前，不受实用性方面的制约，可以将汽车进行大胆夸张的设计并制造出来。它一般使用油泥模型或者原型车的方式制作1～2辆，而且投产的可能性比较小，如图8–2所示。

后一种是量产概念车（图8–3），是制造商用来展示未来车型的开发方向，具有一定的前瞻性，可以真正跑起来，基本上是手工打造，其先进的技术已经步入实验并逐步走向实际化，一般5年可以称为投产的新产品。

四、概念车欣赏注意事项

尽管概念车的欣赏空间比较大，但是它是汽车，所以汽车的基本原理、设计的美学原理，及其各自的传承性都是判别车型

图8–2　设计理念概念车（AR）

图8–3　捷豹E–Type

的关键。而另外一种判别方式则是独创性。所以在欣赏概念车时应该从以下几点着手：是否符合汽车设计的基本原理；是否具有独创性；是否符合厂家自身的传承性；是否符合美学原理。

而判断车型的区别，主要是看车的头部、侧翼结构、前后灯组、内饰、轮数以及小型外在部件。这些区别既是比较差异、判别仿冒的依据，同时也是建立特点、增大独创性的关键所在。可以说任何一款车型的研发，都要将它们作为突出的特征性问题加以解决。

概念车欣赏本质上就是对汽车设计与艺术水平的欣赏。不同创意的概念车，其设计方向、形态也有所不同。

每一年的车展都会展出许多新的概念车，富有科技含量的概念车是世界汽车工业的方向标。

任务二　未来汽车发展

学习目标

（1）掌握未来汽车发展方向。

（2）了解未来汽车发展趋势。

（3）了解未来汽车的新技术。

任务导入

图 8–4　Pacifica minivan（AR）

2016年5月，谷歌宣布与菲亚特–克莱斯勒（FCA）合作开发100辆自动驾驶Pacifica minivan（图8–4）。目前，克莱斯勒已完成这100辆插电混动小货车，车上搭载了Waymo开发的无人驾驶硬件和软件，它们将在2017年年初加入Waymo的测试队伍里。

Waymo的CEO John Krafcik 2016年12月12日就表示，公司感兴趣的不是“生产更好的汽车”，而是“更好的自动驾驶程序”。所以Waymo选择和FCA合作，因为FCA在自动驾驶领域，还没有像福特、通用这么积极地展示自家规划。

知识准备

在科技发展的同时，也出现了负面的效应。比如在汽车大量使用的同时，给地球带来的便是交通安全、能源消耗、环境污染等社会问题。这些都给汽车的研发带来了新的发展方向：车身轻量化；电子化、智能化；节能环保化。

一、汽车技术发展现状

1. 车身轻量化

汽车的轻量化，是指在保证汽车的强度和安全性的前提下，尽可能地降低整车质量，从而提高汽车动力、减少燃料消耗。目前，汽车制造上更多使用铝合金、镁合金、工程塑料及碳纤维等轻质材料来减轻车重。

1）铝合金

根据美国铝业协会报告，汽车每使用0.45 kg铝就可减轻车重1 kg。而对于一辆1 300 kg重的轿车，若重量减轻10%，其燃油消耗可降低8%。这在节能减排政策不断缩紧形势下，是一种最好的节能减排方式。

图8–5 2015年上海车展劳斯莱斯幻影典藏版

2015年上海车展中的高级定制车型——劳斯莱斯流光熠世·幻影典藏版（图8–5）亮相车展。定制流光熠世·幻影典藏版在车厢内设计上特意加强了对随身物品的收纳能力，用碳纤维和铝合金为材料打造的配件箱用优质皮革加以包裹。

2）塑料材质

塑料在人们日常生活中随处可见。现在，研究者正在通过各种方法令塑料的应用变得更广泛，同时使其强度变得更高以在更极端的环境下适用。美国Polimotor研制的塑料发动机材质比传统全金属发动机重量要轻30%。

除了发动机以外，还能在汽车内饰中见到它，例如车内饰板、中控台面板甚至是车外的前后保险杠、侧裙、侧视镜外罩等。

3）碳纤维

碳纤维的轴向强度和模量高，无蠕变，耐疲劳性好，比热及导电性介于非金属和金属之间，热膨胀系数小，耐腐蚀性好，纤维的密度低，X射线透过性好。但其耐冲击性较差，容易损伤，在强酸作用下发生氧化，与金属复合时会发生金属碳化、渗碳及电化学腐蚀现象。

碳纤维目前在车上应用很广泛，比如可以用来制作汽车车身（图8–6）和底盘、刹车片、轮毂等。

图8–6 碳纤维车身

2. 汽车电子化、智能化

近年来，汽车领域超过90%的创新都与汽车智能化系统相关，汽车正在进化为最大的移动终端，芯片厂商、车内无线充电技术、娱乐系统、地图系统、语音系统、运营商甚至汽车与可穿戴的结合，都已成为汽车产业和互联网结合的关键点。2015年以来，纵观各大电子展会，智能汽车成为众人关注的热点，各大主流汽车厂商都高调展示了自己在智能汽车方面的新产品。

汽车与互联网紧密相连，在“互联网+”的变革背景下，无人驾驶汽车、智能互联汽车纷纷高调亮相，互联网思维造车已然成为业界共识。

在车身电子方面，传感器主要应用在为减轻行人头部碰撞伤害而设计的弹出式发动机盖和行人保护安全气囊系统中，压力传感器通过检测前保险杠内的压力腔变形量来判定是否碰撞。

全新中控台概念，可通过触觉、听觉反馈及感官辅助来简化功能选择，三维仿真玻璃技术、手势识别系统、中文手写输入等都是其主要特色。手势识别功能，上下左右均可实现不同的功能选择，这些技术的运用使驾驶员在操作起来更为便捷。

在2015年上海车展上，来自阿拉伯厂商W Motors开发的超级跑车Lykan（图8–7）在这方面做了全面展示。

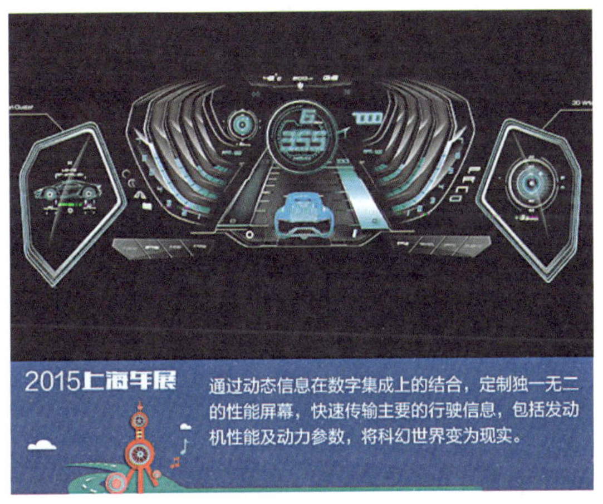

图8–7　2015上海车展跑车Lykan

谷歌无人驾驶汽车（图8–8）外部装置的核心是位于车顶的64束激光测距仪，能够提供200 ft（注：1 ft=30.48 cm）以内精细的三维地图数据，自动汽车会把激光测到的数据和高分辨率的地图相结合，做出不同的数据模型。安装在前挡风玻璃上的摄像头可以让汽车发现障碍物，阅读街道标志，识别交通信号灯。轮胎上的感应器可以跟踪汽车的行进轨迹，更准确地确定汽车的位置。汽车前后保险杠内安装有四个雷达原件，可以更清楚地查看周围的情形。

图8–8　谷歌无人驾驶汽车

3. 节能环保化

节能环保是近年来各行各业特别是汽车行业追求的主题，在汽车的研发过程中，新能源汽车的诞生就使这一主题已经得到了快速的推进。

1）纯电动汽车

在能源和环境的双重压力下，电动车研发进入了活跃期，尽管续航里程仍是一大难题，但是新材料和新技术的不断发展，为电动车的普及奠定了坚实的基础；2015年上海车展上，双龙蒂维拉EVR概念车（图8–9）续航里程预计在320 km以上。

图8–9　2015年上海车展双龙蒂维拉EVR概念车

图8–10　2015年上海车展丰田Mirai

2）燃料电池汽车

2015年4月20日，丰田Mirai正式亮相2015上海车展（图8–10）。该车采用燃料电池作为动力，其最早曾在2013年的巴黎车展正式发布，该车基于FCV概念车开发而来，外形设计十分夸张。动力部分，丰田Mirai动力系统由氢氧化学反应的燃料电池组、储氢罐和交流电机等组成，最大输出功率达到了114 kW。官方数据显示，该车的0～100 km/h加速时间为10 s，续航里程可以达到482 km左右。

3）混合动力汽车

混合动力汽车是指车辆驱动系统由两个或多个能同时运转的单个驱动系统联合组成的车辆，车辆的行驶功率依据实际的车辆行驶状态由单个驱动系统单独或共同提供。

图8–11　2015年上海车展新能源车型

随着世界各国环境保护的措施越来越严格，混合动力车辆由于其节能、低排放等特点成为汽车研究与开发的一个重点，并已经开始商业化。

2015年上海车展推出了30余款新能源车型，如比亚迪宋、元等混合动力车型（图8–11）。

在动力系统部分，比亚迪宋搭载的混动系统由1.5T发动机以及两台电动机组成，电动机分布在前后桥以实现四驱。这款车在纯电动模式下的最大续航里程为70 km，而车尾的“4.9 s”标志则毫不低调地展示着其0～100 km/h的加速时间为4.9 s。

二、2017年汽车行业六大趋势

美国《今日美国》网站对2017年的汽车技术主要趋势进行了如下预测。

1. 车辆之间实现“聊天”：V2V技术

2017年凯迪拉克CTS运动轿车将提供具有变革性意义的系统，配置此系统的车辆能够互通信息，包括天气情况、速度、急刹车和事故信息等。这就是“车到车系统”（V2V）的最初形式，该系统类似于WiFi技术，最终有望配置在所有车辆上。

法维翰咨询公司（Navigant Consulting，Inc.）高级分析师Sam Abuelsamid指出：“该技术能够使驾驶员获得视线之外的信息。”

该技术对于“车辆成排”也是至关重要的。当车辆并排高速行驶时，配置此技术的车辆不用减速，也不用担心发生事故。

2. 柴油车将重生

自大众集团深陷柴油车测试作弊丑闻之后，柴油车在美国的销量暴跌。而在2017年，雪佛兰和马自达将会试水美国人对于柴油轿车及SUV的喜好。

美国汽车专业调查公司HIS高级分析师Stephanie Brinley指出：“由于最大的传统供应商不再出售柴油车，所以目前我们也不清楚消费者对柴油车的需求。”

比较畅销的雪佛兰科鲁兹紧凑型轿车和马自达CX-5家族的SUV拥有较高的燃油经济性和良好的性能，能够检验美国市场对柴油车的未来需求。

3. 自动驾驶车辆发展加速

作为谷歌自动驾驶项目的组成部分，菲亚特-克莱斯勒正在加拿大温莎的组装厂扩充生产规模，之后将生产大约100辆克莱斯勒Pacifica插电式混合动力的小型货车。

谷歌未来并不会向公众出售自动驾驶的小型面包车，但是会对其安全性和敏捷性进行重复测试。

谷歌之所以选择Pacifica作为其测试用量产车型，部分原因是Pacifica的车型能够装置自动驾驶所需的多数传感器。Pacifica的高度使得传感器有着良好的视线。

4. 电动车竞争再次升级

由于雪佛兰Bolt将提升自动驾驶技术的舒适度和实用性，2017年电动车需求将面临严峻的考验。

美国环保署测定Bolt充电一次续航里程可达238 mi（注：1 mi=1.609 km），扣除优惠力度起始价将在30 000美元以下。Bolt空间宽敞、零排放，不仅与环保车型形成竞争，对本田雅阁、现代索纳塔和福特翼虎这些家用车型也构成了威胁。包括起亚秀尔和大众电动高尔夫在内的很多电动车都在大幅增加其续航里程，但是与Bolt相比还有一定差距。特斯拉也在迫切推出其首款中等价格车型Model 3，旨在以高性价比挑战Bolt。

美国汽车工程师协会Bill Visnic表示：“借助于能量密度更高的电池，电动车性能将越来越好。”

5. 48 V电气系统快速发展

如果一辆混合动力车价格只比标配版多出500美元，你会觉得如何？那么，能把车轮陷进坑洞时产生的能量转换成动力的减震器又怎样？快速加热的座椅和方向盘呢？

如果车企将48 V电气系统运用于汽车之中，汽车能拥有的功能比上述更丰富。多功能的48 V电气系统能够提升车辆的舒适感、使用性能和改善燃油经济性，但是成本较低，比混合动力的300 V系统要更安全。据悉，德尔福48 V系统将在2017年应用到新车中。

宾利Bentayga豪华SUV是目前美国市面上唯一一款采用48 V系统的车，并配有自适应悬架。

6. 电动轴燃效高

面对日益增长的SUV需求和越来越严苛的燃效标准，车企们该如何同时应对这些情况？零部件供应商们觉得电动轴可以解决。目前沃尔沃XC90、宝马i8及其插混版和丰田RAV4混动版采用了电动轴，电动轴将很快应用到更多的新车型中，包括三菱欧蓝德插电式混合动力版。

在前轮驱动车辆上增加一个后电动轴能够大大改善车辆性能，与传统的四轮驱动系统相比，还能以较低成本和较少的动力消耗操控车辆及应对恶劣的天气。

Visnic指出："这种技术融合着实比较少见，在提供工程效益的同时，还能提供用户更需要的功能。"

任务实施

（1）会利用网络和书籍查找概念车的相关信息。

（2）参加一次参观汽车博物馆的活动，会对汽车的过去和未来进行讨论。

（3）设计制作一辆有不同外形和色彩的概念车模型或草图，会对作品进行评价。

练一练

一、填空题

1. 概念车的研究与开发往往都伴随着新技术和新材料的使用，带有一定的__________。
2. 概念车有两种：一种是__________，另一种是__________。
3. 汽车研发新的发展方向是：__________；__________、__________；__________。
4. 汽车的轻量化，是指在保证汽车的强度和安全性的前提下，尽可能地降低整车质量，从而提高__________、减少__________。
5. 汽车制造上使用更多__________、镁合金、工程塑料及__________等轻质材料来减轻车重。

6. 目前上市的比亚迪宋、元属于 __________。
7. 纯电动汽车目前仍存在 __________，还需要进一步解决。

二、判断题（对的打√，错的打×）

1. 概念车只能观赏，不能行驶。（　　）
2. 概念车就是设计者想怎么设计就怎么设计的车。（　　）
3. 碳纤维由于脆性大，所以不能够应用在车上。（　　）
4. 节能减排是现代汽车追求的一项目标。（　　）
5. 所谓“概念车”是指尚未开始进入市场的一种设计独特且具有一定超前意识的新车型。其主要特点就是：它必须是能给人以思考、能引导新观念的汽车。（　　）
6. 汽车是为人类服务的，所以只要速度高就可以，不需要考虑其他问题。（　　）
7. 从能源角度以及环保角度来看，纯电动汽车是目前前景最好的汽车，人们可以毫无顾虑地来购买使用。（　　）
8. 德国大众的“排放门”主要是它生产的汽油机造成的。（　　）

三、简答题

1. 简述概念车的设计意义。

2. 说出你所了解的节能减排的方法。

9

项目九　汽车安全驾驶及考证

项目概述

随着社会的发展，道路交通安全（图9–1）越来越显现出其特有的重要性，特别是当前汽车日益增多的情况下，安全行车成为摆在驾驶员面前的重要问题。交通系统是一个人、车、路和环境构成的复杂系统，要保证安全行车、减少交通事故的发生，必须协调交通系统中的各个因素，提高交通系统的整体和谐性。

图9–1　交通安全（AR）

交通事故从根本上说是由人、车、路、环境要素失去平衡所造成的。交通事故成因有主观和客观两个方面：主观方面是人的原因，主要包括驾驶员、行人等交通参与者行为等因素；客观原因是车辆技术状况、道路状况及环境因素的影响等。各种因素造成交通事故的比例中人的因素是最主要的，约占总事故的95.30%，其中因机动车驾驶员的过失造成的交通事故占87.5%，非机动车驾驶员占4.7%，行人、乘客占5.19%，其他人员占2.61%。可见交通参与者的安全意识和安全行为是提高交通安全的决定性因素。如果驾驶员具备良好的素质，就可能最大限度地减少事故的发生，反之如果驾驶员交通安全意识不强、驾驶技能差，事故的发生概率就会大幅上升，从而危害人身安全和财产安全。

本项目将从汽车安全驾驶及汽车考证两个方面来阐述。

任务一　汽车安全驾驶

（1）掌握交通信号和交通指挥信号。

（2）掌握交通标志的作用及含义。

（3）掌握交通标线的作用及含义。

任务导入

2004年4月30日国务院颁布了《中华人民共和国道路交通安全法实施条例》（以下简称《条例》），《条例》在法律体系上属于国家行政法，是国家行政管理法规的组成部分，是管理道路交通的单行法规，是进行交通管理的法律依据，是调整人们交通关系的准则，是一切车辆、行人、乘车人的交通行为规范，在国家权力范围内，具有普遍的约束力。“凡在道路上通行的车辆、行人、乘车人以及在道路上进行与交通有关活动的人员，都必须遵守本条例”。

《条例》所称道路，是指公路、城市街道、胡同（里巷）、公共广场、公共停车场等供车辆和行人通行的地方。

知识准备

一、交通信号

交通信号是对车辆、行人发出通行或停止命令的信号。它可以合理地限制车流和科学地组织车流，减少相互间的干扰和妨碍，提高道路通行能力，保障安全和畅通。交通信号分为指挥灯信号、车道灯信号、交通指挥棒信号、手势信号等。

1. 指挥灯信号

我国的指挥灯信号根据光学原则，采用红、黄、绿三种光色。

（1）绿灯亮时，准许车辆、行人通行，但转弯的车辆不准妨碍直行的车辆和被放行的行人通行，如图9–2所示。

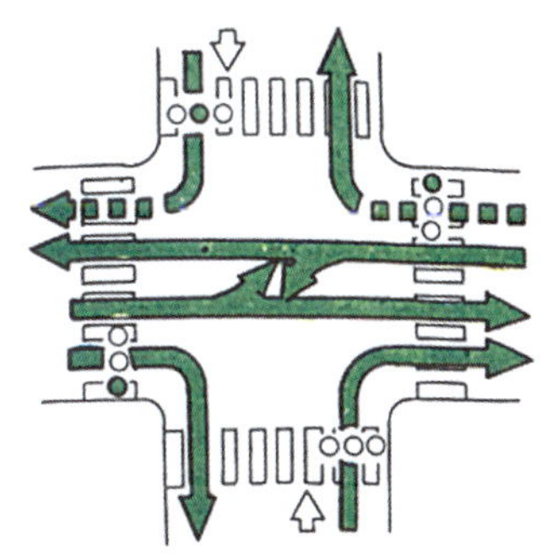

图9-2　绿灯通行示意图

（2）黄灯亮时，不准车辆、行人通行，但已越过停止线的车辆和已进入人行横道的行人，可以继续通行。右转弯车辆和T形路口右边无横道的直行车辆，在不妨碍被放行车辆和行人通行情况下，可以通行，如图9–3所示。

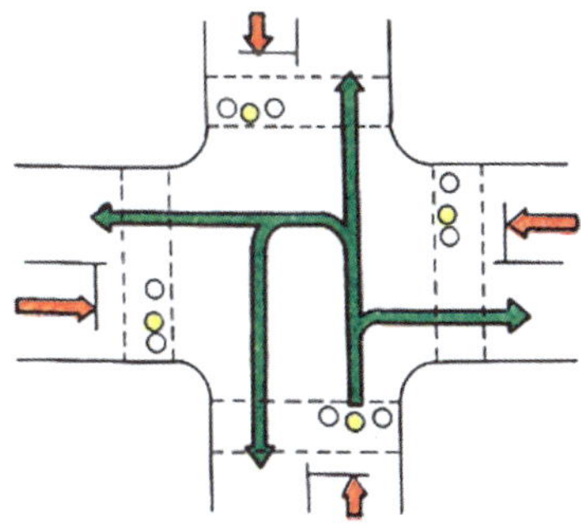

图9–3　黄灯通行示意图

（3）红灯亮时，不准车辆、行人通行，右转弯车辆和T形路口右边无横道的直行车辆，在不妨碍被放行车辆和行人通行的情况下，可以通行，如图9–4所示。

（4）绿色箭头灯亮时，准许车辆按箭头所示方向通行，如图9–5所示。

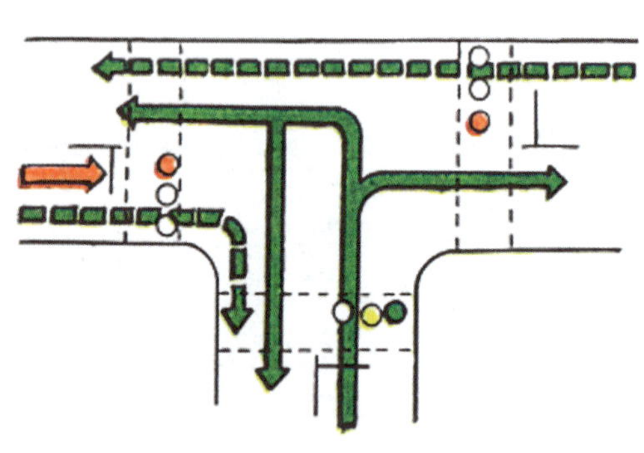

图9–4　红灯停止通行示意图

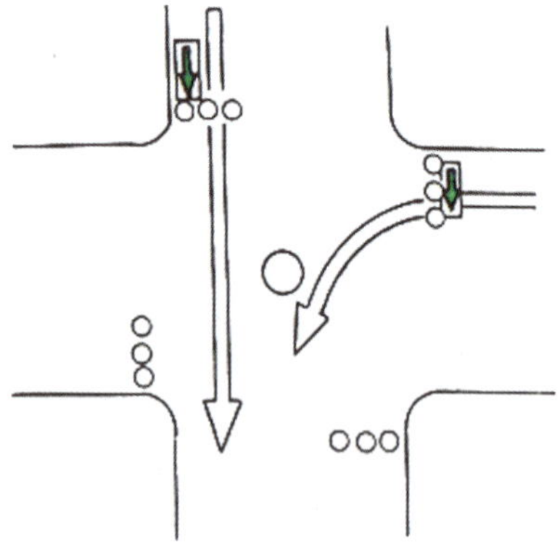

图9–5　准许按箭头所示方向通行示意图

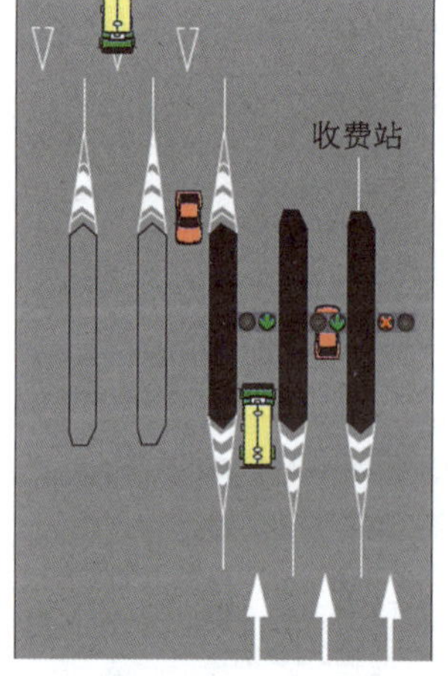

图9–6　车道灯信号示意图

（5）黄灯闪烁时，车辆、行人须在确保安全的原则下通行。

2. 车道灯信号

车道灯分为绿色箭头和红色叉形灯，如图9–6所示。

（1）绿色箭头灯亮时，准许本车道车辆按指示方向通行。

（2）红色叉形灯或者箭头灯亮时，禁止本车道车辆通行。

3. 交通指挥棒信号

交通指挥棒信号分为直行信号、左转弯信号和停止信号三种。

（1）直行信号。右手持棒举臂向右平伸，然后向左曲臂放下，准许左右两方直行车辆通行，各方右转弯的车辆在不妨碍被放行车辆通行的情况下，可以通行，如图9–7所示。

图9–7　交通指挥棒信号——直行信号

（2）左转弯信号。右手持续举臂向前平伸，准许左方的左转弯和直行的车辆通过，左臂同时向左前方摆动时，准许车辆左小转弯；各方右转弯的车辆和T形路口右边无横道的直行车辆，在不妨碍被放行的车辆通行的情况下，可以通行。

（3）停止信号。右手持棒曲臂向上直伸，不准车辆通行，但已越过停止线的，可以继续通行，如图9–8所示。

图9–8　交通指挥棒信号——停止信号

4. 手势信号

手势信号分为直行信号、左转弯信号和停止信号三种。

（1）直行信号。右臂（左臂）向右（向左）平伸，手掌向前，准许左右两方直行的车辆通行；各方右转弯的车辆在不妨碍被放行的车辆通行的情况下，可以通行，如图9–9所示。

（2）左转弯信号。右臂向前平伸，手掌向前，准许左方的左转弯和直行的车辆通行；左臂同时向右前方摆动时，准许车辆左小转弯；各方向右转弯的车辆和T形路口右边无横道的直行车辆，在不妨碍被放行车辆通行的情况下，可以通行，如图9–10所示。

图9–9　手势信号——直行信号

图9–10　手势信号——左转弯信号

（3）停止信号。左臂向上直伸，手掌向前，不准前方通行，如图9–11所示。右臂同时向左前方摆动时，车辆须靠边停车，如图9–12所示。

图9–11　手势信号——停止信号

图9–12　手势信号——靠边停车信号

二、交通标志

交通标志是指用图形、符号和文字传递特定信息，用以管理交通的安全设施。交通标志分为主标志和辅助标志两大类，共100种。主标志又分为警告标志、禁令标志、指示标志和指路标志四种。

1. 主标志

1）警告标志

警告标志的作用是警告车辆、行人注意危险地点。其形状为等边三角形，顶角向上，为黄底、黑边、黑色图案，如图9–13所示。

图 9–13　警告标志

2）禁令标志

禁令标志是禁止或限制车辆、行人交通行为的标志。形状为圆形（个别为倒三角形），多为白底、红圈、红杆、黑色图案、图案压杠，如图 9–14 所示。

禁止通行
禁止驶入
禁止
机动车通行
禁止
载货汽车通行
禁止
三轮车通行
禁止
小型客车通行
禁止
拖、挂车通行
禁止
拖拉机通行
禁止
农用运输车通行
禁止
两轮摩托车通行
禁止
非机动车通行
禁止
畜力车通行
禁止人力
货运三轮车通行
禁止人力
客运三轮车通行
禁止
人力车通行
禁止
骑自行车上坡
禁止
行人通行
禁止
向左转弯
禁止
向右转弯
禁止直行
禁止直行
和向左转弯
禁止
直行和向右转弯
禁止掉头
禁止超车
解除
禁止超车
禁止车辆
长时间停放
禁止鸣喇叭
3m
禁止宽度
3.5m
限制高度
10t
限制载重量
40
限制速度
40
解除限制速度
检查
停车检查
停
停车让行
让
减速让行
会车让行
7t
限制轴重
禁止车辆
临时或长时停放
禁止
向左向右转弯
禁止骑自行车下坡
禁止某轮两种车通行
禁止大型客车通行

图9-14　禁令标志

3）指示标志

指示标志是指示车辆、行人通行的标志。其形状为圆形、长方形和正方形，为蓝底、白色图案，如图9–15所示。

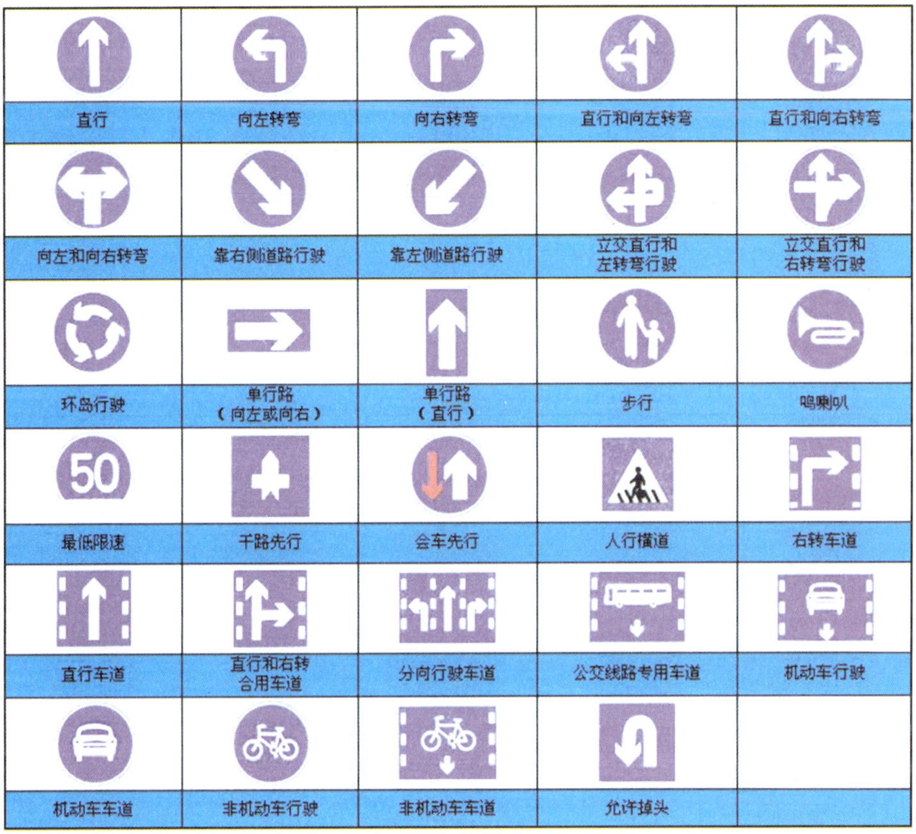

直行	向左转弯	向右转弯	直行和向左转弯	直行和向右转弯
向左和向右转弯	靠右侧道路行驶	靠左侧道路行驶	立交直行和左转弯行驶	立交直行和右转弯行驶
环岛行驶	单行路（向左或向右）	单行路（直行）	步行	鸣喇叭
最低限速	干路先行	会车先行	人行横道	右转车道
直行车道	直行和右转合用车道	分向行驶车道	公交线路专用车道	机动车行驶
机动车车道	非机动车行驶	非机动车车道	允许掉头	

图9–15　指示标志

4）指路标志

指路标志是传递道路方向、地点、距离信息的标志。其形状除地点识别标志外，为长方形和正方形。其图案除里程碑、百米桩、公路界牌、旅游景点（图9–16）外，一般道路为蓝底、白色图案，如图9–17所示；高速公路为绿底、白色图案，如图9–18所示。

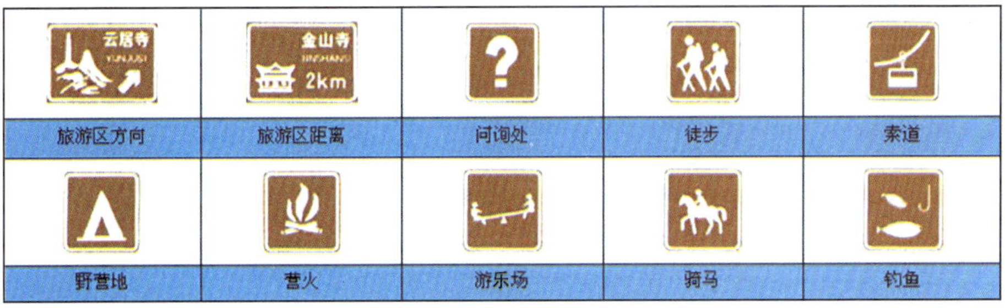

旅游区方向	旅游区距离	问询处	徒步	索道
野营地	营火	游乐场	骑马	钓鱼

图9–16　旅游景区标志图

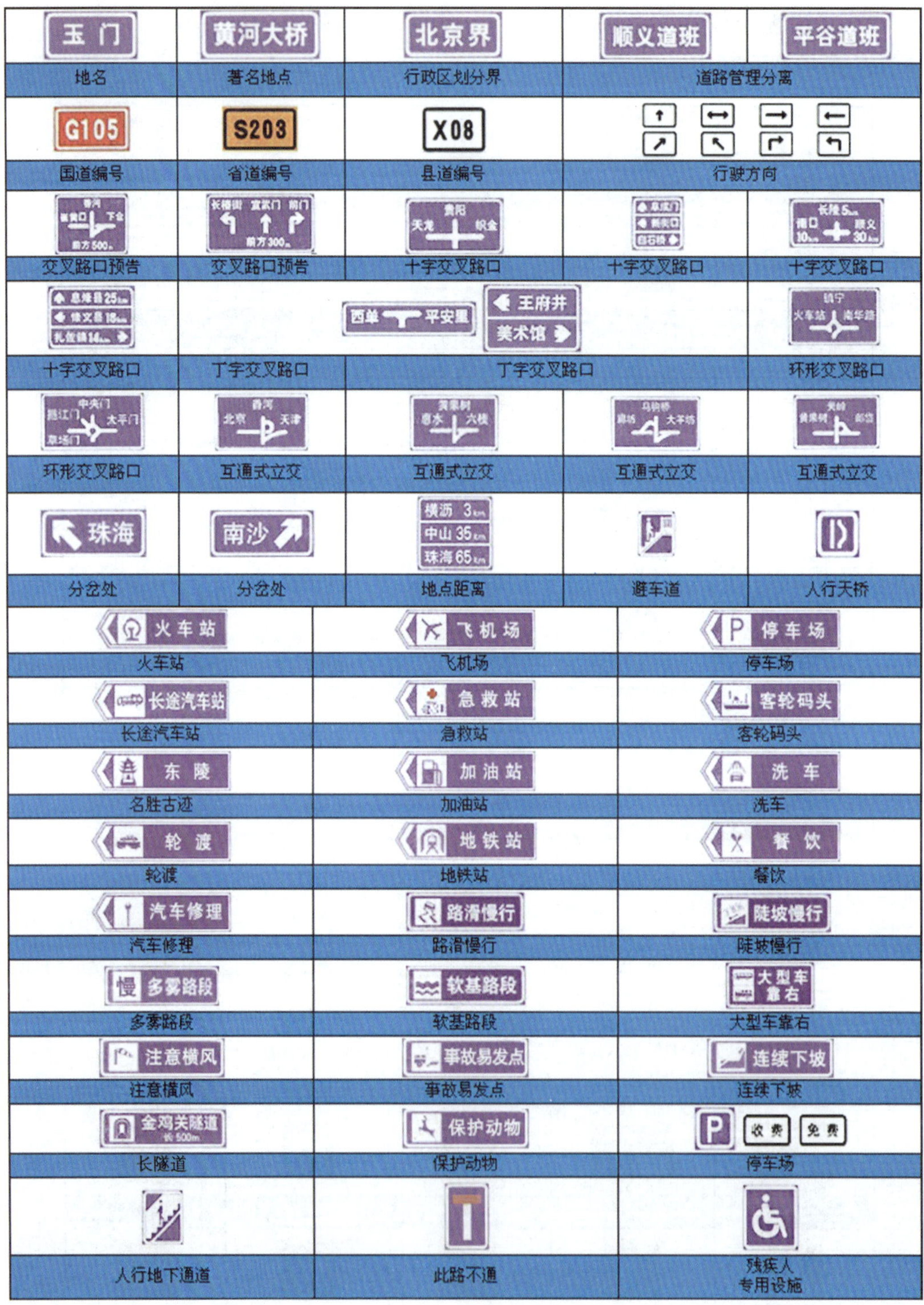

图 9–17　一般道路指路标志

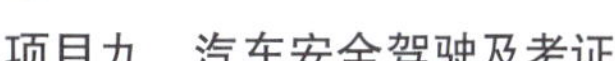

起点	入口预告	入口预告	入口预告	入口预告
入口预告	入口	终点预告	终点提示	终点
入口预告	下一出口	两侧通行	右侧通行	左侧通行
出口预告（两个出口）	出口预告（两个出口）	出口	出口	出口
地点方向	地点方向	地点方向	地点方向	地点方向
地点距离	收费站预告	地点距离	收费站预告	收费站
电话位置指示	加油站	紧急停车带	服务区预告	服务区预告
服务区预告	停车区预告	停车区预告	停车区预告	停车场预告
停车场预告	停车场	爬坡车道	爬坡车道	爬坡车道
车距确认	车距确认	车距确认	车距确认	车距确认

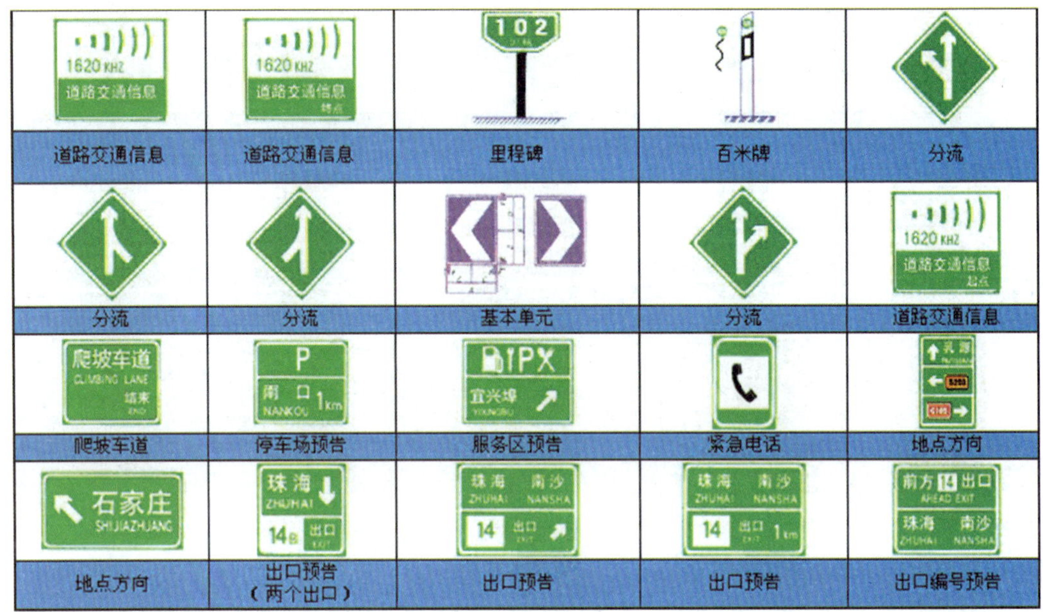

图9–18　高速公路指路标志

2. 辅助标志

辅助标志是设在主标志下，对主标志起到辅助说明作用的标志。其形状为长方形，为白底、黑字、黑边框。共5种，如图9–19所示。

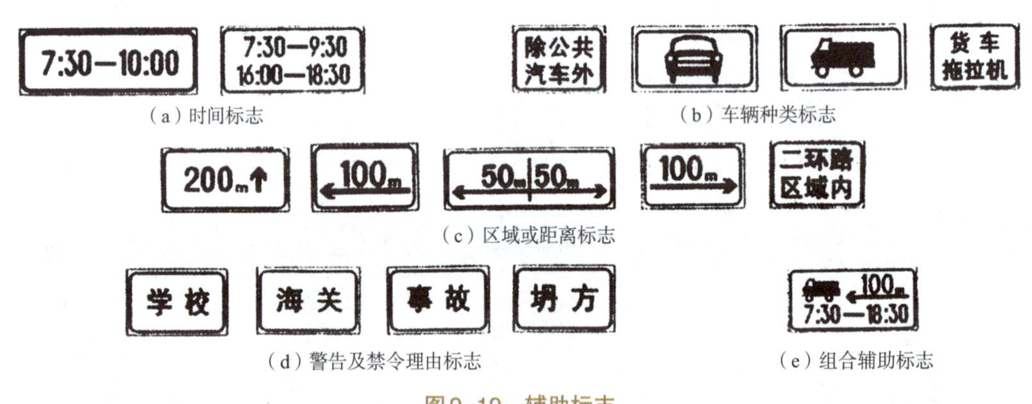

图9–19　辅助标志

三、交通标线

交通标线是由各种路面标线、箭头、文字、立面标记、凸起路标和路边线轮廓等所构成的交通安全设施。它的作用是管制和引导交通。其颜色除个别外，一般为白色或黄色。

1. 车行道中心线

车行道中心线用来分隔对向行驶的交通流。

（1）中心虚线。表示在保证安全的原则下，车辆在超车或向左转弯时，可以越线行驶。线为白色或黄色虚线，如图9–20所示。

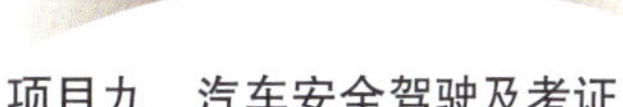

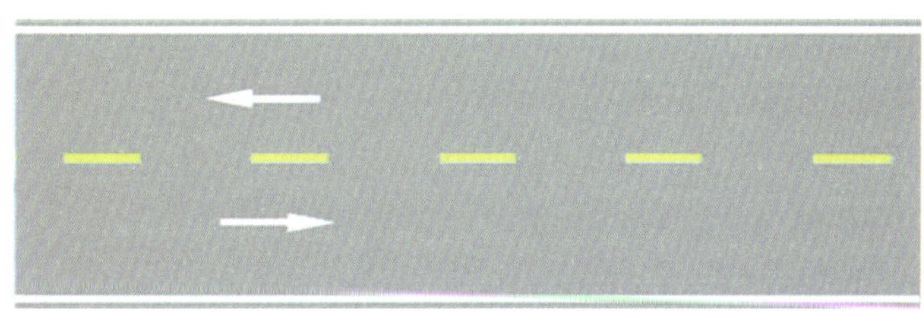
图 9–20　中心虚线

（2）中心单实线。表示不准车辆跨线超车或压线行驶。线为白色或黄色实线，如图9–21所示。

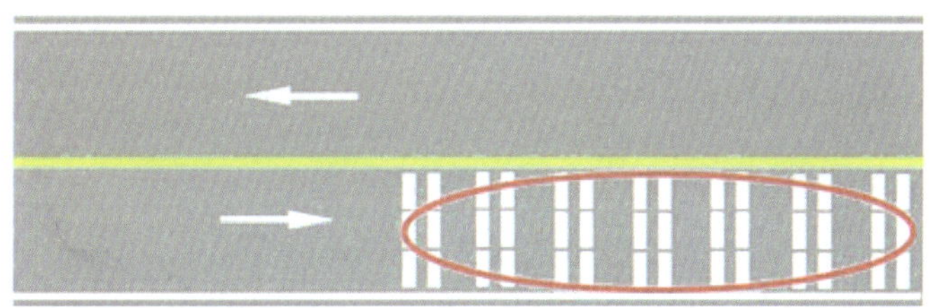
图 9–21　中心实线（带减速标示线）

（3）中心双实线。表示严格禁止车辆跨线超车或压线行驶。线为白色或黄色双实线，如图9–22所示。

图 9–22　中心双实线

（4）中心虚实线。表示实线一侧禁止车辆越线超车或压线行驶，虚线一侧准许车辆越线超车或向左转弯。线为白色或黄色虚实线，如图9–23所示。

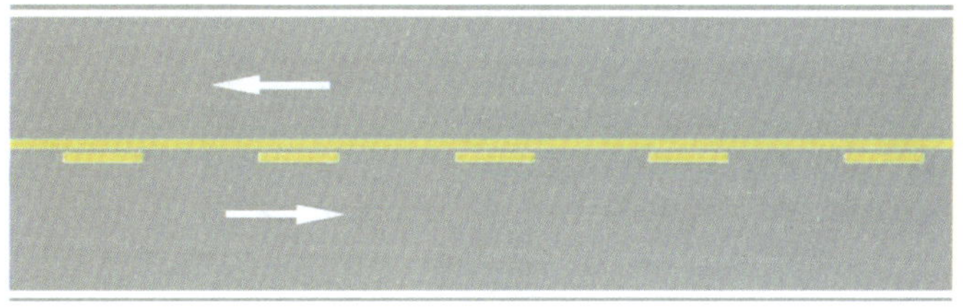
图 9–23　中心虚实线

2. 车道分界线

车道分界线用来分隔同向行驶的交通流。

（1）左行右行车道分界线。表示在保证安全的原则下，准许车辆跨线超车或变更车道行驶。线为白色虚线，如图9–24所示。

图9–24　车道分界线

（2）导向车道线。表示不准车辆变更车道行驶。线为白色或黄色单实线，如图9–25所示。

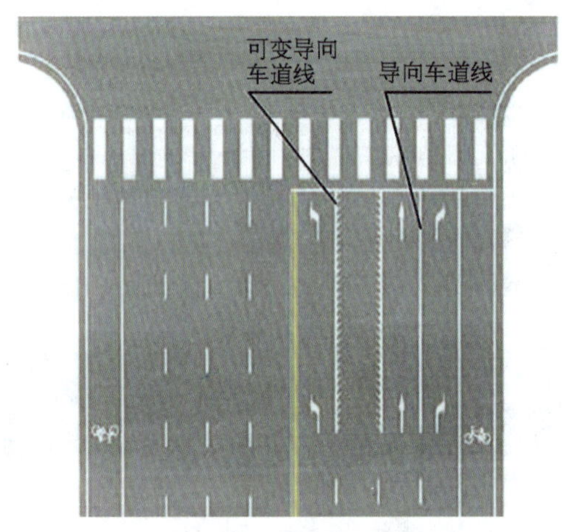

图9–25　导向车道线

（3）车行道边缘线。表示车行道的边缘。线为白线，如图9–26所示。

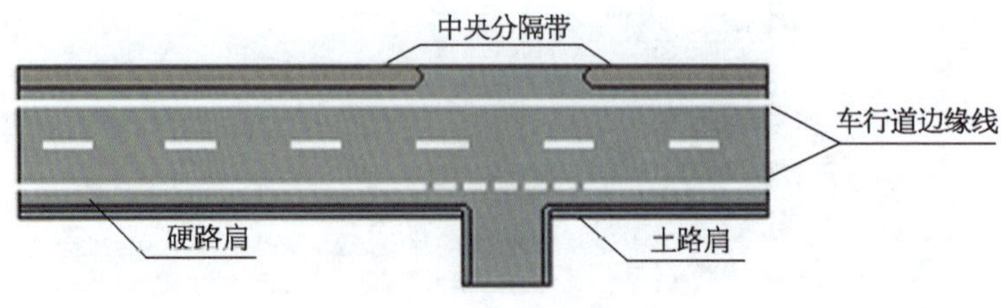

图9–26　车行道边缘线

3. 停止线

表示车辆等候放行信号或停车让行的停车位置。线为白色实线，如图 9–27 所示。

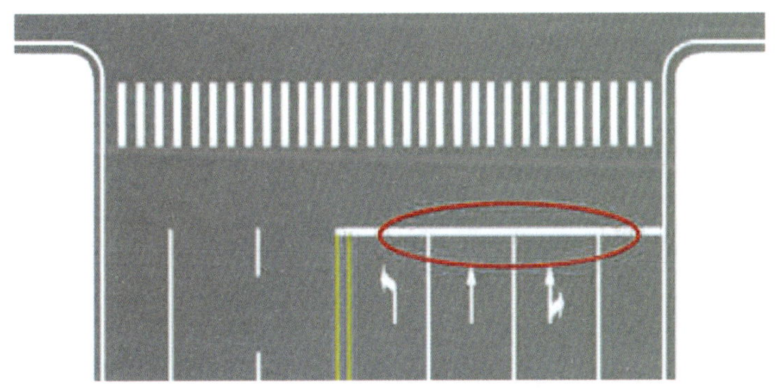

图 9–27　停止线

4. 减速让行线

表示车辆让行的位置，是与减速让行标志配合使用的。线为白色双虚线，如图 9–28 所示。

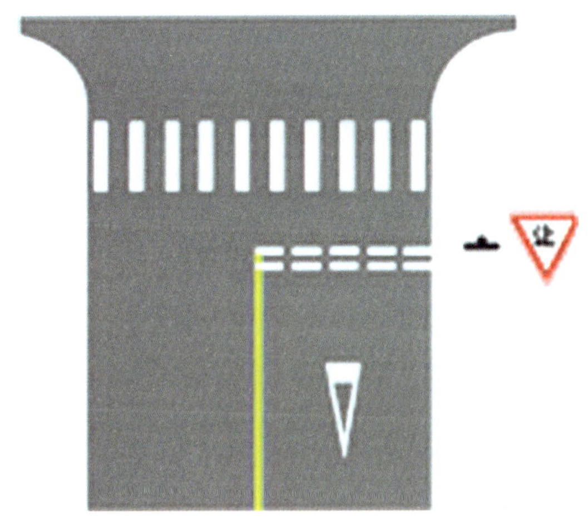

图 9–28　减速让行线

5. 人行横道线

表示准许行人横穿车行道的标线。线为白色，如图 9–29 所示。

图 9–29　人行横道线

6. 导流线

表示车辆须按规定的路线行驶，不得压线或越线行驶，线为白色，如图9–30所示。

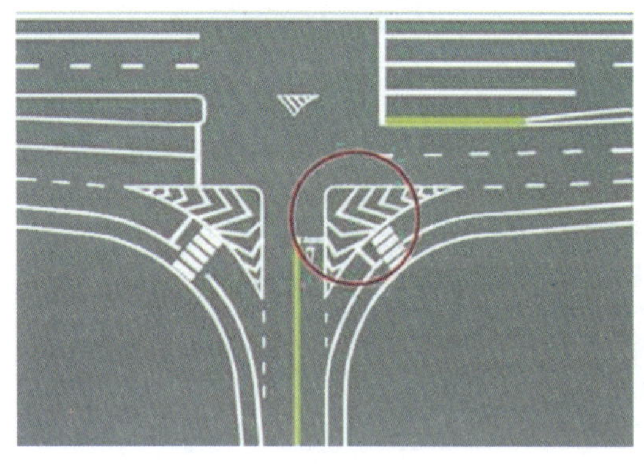

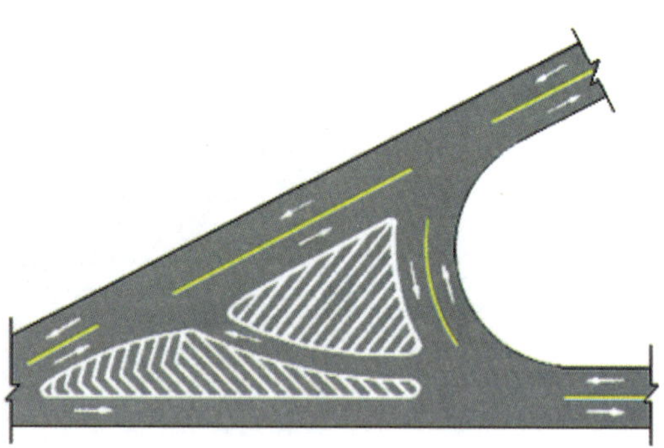

图9–30　导流线

7. 车行道宽度渐变标志线

表示车行道宽度变化，车道数增减。线的颜色与车道分界线一致，如图9–31所示。

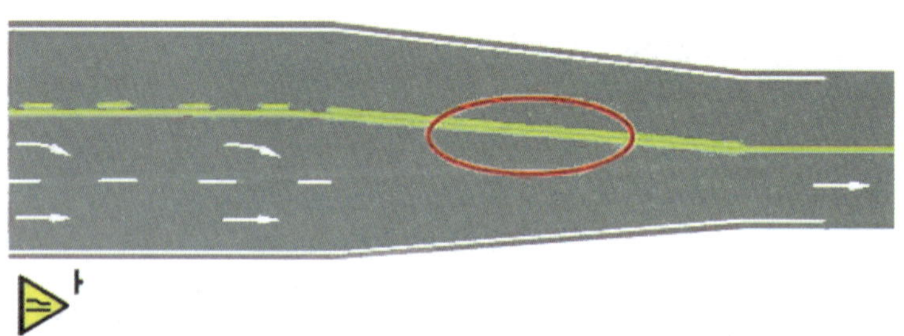

图9–31　车行道宽度渐变标志线

8. 停车位标线

表示车辆停放位置。线为白色，如图9–32所示。

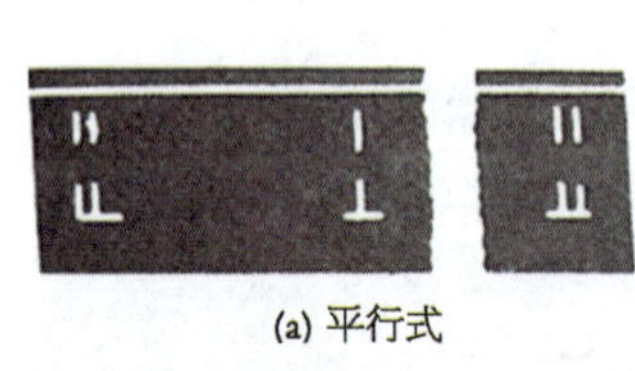

(a) 平行式

(b) 倾斜式

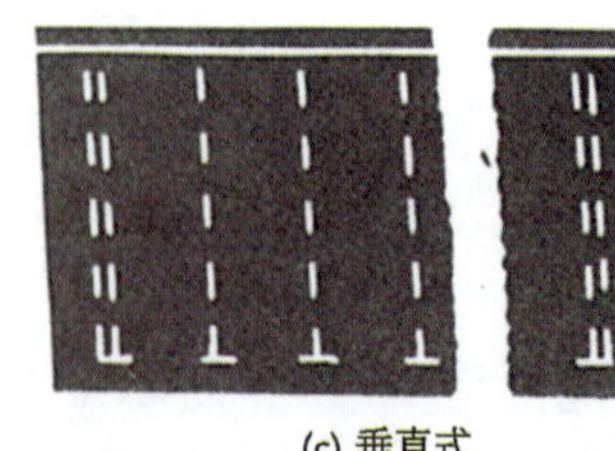

(c) 垂直式

图9–32　停车位标线

9. 港湾式停靠站标线

表示公共客车通向专门的分离引道和停靠位置。线为白色，如图9–33所示。

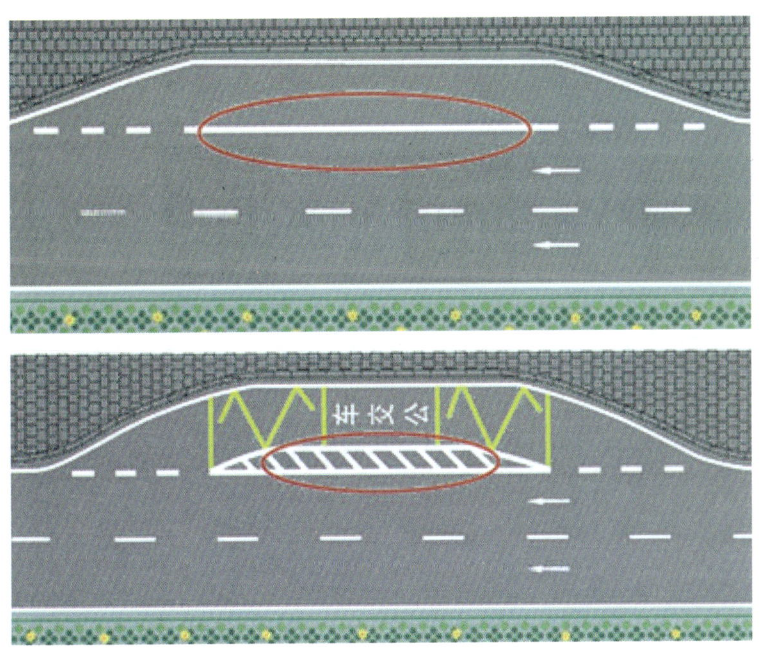

图 9–33　港湾式停靠站标线

10. 导向箭头

表示车辆的行驶方向。箭头为白色，如图 9–34 所示。

11. 左转弯导向线

表示左转弯的机动车与非机动车之间的分界。机动车在线左侧行驶，非机动车在线右侧行驶。线为白色虚线，如图 9–35 所示。

图 9–34　导向箭头

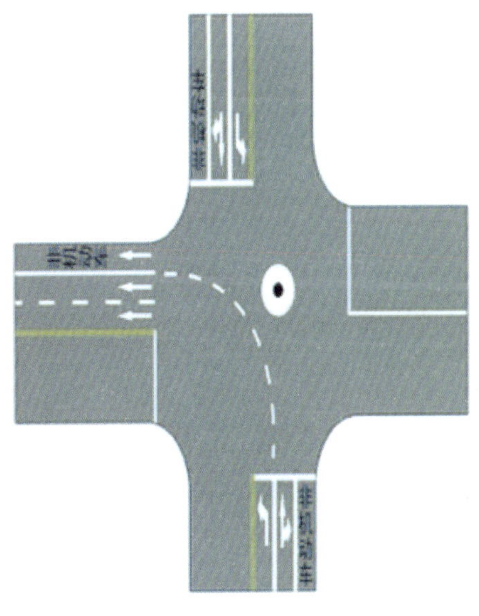

图 9–35　左转弯导向线

12. 路面文字标记

指利用路面文字指示或限制车辆行驶的标记。字为黄色，如图9–36所示。

（a）最高速度限制标记

（b）大型机动车道标记

（c）小型机动车道标记

（d）超车道标记

图9–36　路面文字标记

车辆、行人必须遵守交通标志和交通标线的规定。遇有灯光信号、交通标志或交通标线与交通警察的指挥不一致时，服从交通警察的指挥。

想一想

1. 交通标志分为哪几种？请说出各种标志的作用、形状和颜色。
2. 什么是道路交通标线？

任务二　汽车考证

学习目标

了解汽车驾驶员考试的内容、方法、标准和注意事项。

任务导入

驾驶证全称为机动车驾驶证，又称“驾照”，指依照法律规定机动车辆驾驶人员所需申领的证照。

驾驶机动车需要一定的驾驶技能，缺少这种技能的人如果随意驾驶机动车，就有可能发生交通事故，一般无证不能上路行驶。但对于已具备安全驾驶技术的人在道路上驾驶车辆，这种允许的证件就是“驾驶证”。这说明驾驶证是一种“许可证明”。

一、驾驶员考试内容

科目一和科目四的内容：现行道路交通管理法规和规章；异常气候、复杂道路、危险情况时的安全驾驶知识，简单的伤员急救和危险物品运输知识；所考车辆的总体构造、主要装置的作用，车辆日常检查、维护、使用知识，常见故障的判断方法，紧急情况的处理知识。

科目二的内容：在设有障碍的场地驾驶车辆的能力。

科目三的内容：在实际道路上正确操纵驾驶机动车的能力；遵守交通法规行驶；驾驶姿势及观察、判断、预见能力及综合控制车辆的能力。

二、考试科目顺序和考试办法

1. 考试科目顺序

考试科目的顺序按照交通法规与相关知识（简称科目一）、场地驾驶（简称科目二）、道路驾驶（简称科目三）和安全文明驾驶知识（简称科目四），依次进行，前一科目合格后，再进行后一科目的考试。

2. 考试办法

（1）科目一和科目四采用选择、判断的方法，考试时间为45 min，试卷题量为100题，考试题库为全国统一。

（2）科目二采用被考人员单独驾驶的方法，按所考车型选定桩考和考试项目，全国统一。

（3）科目三采用考试人员与被考人同乘考试车，按照道路考试必考行为用减分方法进行评判得分。抽签决定考生是否参加夜间考试。

本科目由操纵驾驶机动车，遵守交通法规行驶，观察、判断、预防、应变等综合驾驶能力三项内容组成，按不同车型设定必须考核的项目，并设定不合格、减20分、减10分、减5分的减分标准。

（4）每个科目考试一次，补考一次；补考仍不合格的，本次考试终止。在学习驾驶证有效期内，可重新申请考试，重新考试的时间间隔不少于30天，若某科目重复5次补考仍未通过，则取消之前所有科目的成绩重新开始。

三、考试标准

（1）科目一、科目四得分为总分的90%以上为合格。

（2）科目二：未出现下列情况之一的为合格：

① 不按规定路线、顺序行驶；

② 碰擦桩杆；

③ 车身出线；

④ 移库不入；

⑤ 中途停车两次；

⑥ 熄火。

（3）科目三：100分为满分。合格标准：大型客车90分以上，大型货车80分以上，其他机动车70分以上。

考试项目和扣分标准见表9–1。

表9–1 考试项目和扣分标准

	项 目	扣 分
准备	未调整好后视镜（左、中、右）	5
	未调整好座位	10
	不系安全带（小型汽车）	×
发动起步	未检查挡位或驻车制动器	5
	发动机启动后仍未放开启动开关	5
	未检查仪表	10
	气压不足起步	×
	不关车门起步	×
	车辆有异常情况起步	20
	未查看交通情况	20
	挂错挡	20
	起步不顺（车辆有闯动及行驶无力的情形）	10
	不放松驻车制动器起步，但及时纠正	5
	不放松驻车制动器起步，未能及时纠正	20
	起步时车辆溜动小于30 cm	20
	起步时车辆溜动大于30 cm	×
	油门过大，致使发动机转速过高	5
	发动机熄火一次	20
	驾驶姿势不正确	10
方向与制动	掌握转向盘手法不合理	10
	车辆行驶方向把握不稳	×
	有双手同时离开转向盘现象	×
	制动不平顺、出现车辆闯动	10
挡位	挡位使用不当或车速控制不稳	10
	掌握变速杆手法不对	10
	不会用离合器换挡	20
	换挡时有齿轮撞击声	20
	换挡时机掌握太差	10
	换挡时机掌握稍差	5
	换挡时手脚配合不熟练	10
	错挡但能及时纠正	10
	换挡时，低头看挡或两次换挡不进	×
	行驶中使用空挡滑行	×

（续表）

	项　目	扣 分
路口	不按交通信号或交警指挥信号行驶	×
	转弯角度过大、过小或打、回轮过早、过晚	20
	转弯角度稍大、过小或打、回轮过早、过晚	10
	争道抢行	×
	违反路口行驶规定	×
	违反铁路道口规定	×
交通标志、标线	未留意、亦未遵照交通标志行动	×
	违反分道行驶规定	×
	不按规定出入非机动车道	10
	越中心实线逆向行驶	×
	行驶中压中心实线	×
	变换车道之前，未查看交通情况	10
	进入导向车道后不按规定方向行驶	×
	不按导流线方向行驶	×
	将车辆停在人行横道线上	20
	不按规定避让人行横道中的行人	×
会、超车	窄路会车时不减速靠右边行驶	×
	会车困难时应让行而不让	×
	不具备超车条件时，强行超车	×
	超车时不使用转向灯或不提前察看交通情况	20
	超车后突然切入其他车道，引起后车紧急制动	×
	故意不让后车超越者	×
掉头	掉头方式选择不当	20
	不注意观察交通情况	20
控制能力	控制车速不稳	20
	车速超过限定标准	×
	车速过低或未能调整车速以适应路上情形	20
	不会合理使用半联动控制车速	10
判断	反应迟钝造成危险情况	×
	判断能力差，不敢走车或钻危险档子	×
	对车身前后、左右位置感觉差	×
其他	行驶中未能观察亦未按其他车辆发出信号行车	×
	行驶中不能正确使用各种灯光	20
	驾驶姿势不正确	10
	未能及时发现车辆的各种故障带病行车	10
	不按主考人员指令行车	×
停车	未查看交通情形亦未及时发出或关闭信号	10
	制动停车过程不平顺	10
	以指定停车标志做标准，未能停在正确位置（纵或横大于1 m）	×
	以指定停车标志做标准，未能停在正确位置（纵或横小于1 m，大于50 cm）	20
	未拉手制动之前，车辆后溜，或停车后未拉手制动	5
	未拉手制动，检查挡位，抬离合器前抬脚制动，开门前不查看后侧交通情况	10
	下车不关车门	10
	在禁止停车的地方停车	×

注：“×”表示不及格。

四、驾驶员考试时注意事项

驾驶员考试是平时学习理论知识水平、掌握操作技能熟练程度和临考时最佳发挥的综合表现。为了把握好考试的特点与规律、发挥出和考出最佳水平，应注意以下方面。

1. 做好自我控制

驾驶员的场内驾驶与道路驾驶考试，都是一个人独立完成的实际操作演示的过程，较容易紧张，会引起激动、心悸、气喘、冒汗等心理上和生理上的一些紧张的表现，需要做好自我控制，具体做法一般有：

（1）放松法。做几次深呼吸，伸展一下身体，四肢适当活动，做几次起蹲动作等。

（2）转移法。将由考试引起的怯怵转移到外界视觉中，适当分散注意力。举目远眺，似乎把考试的紧张感融入了大自然。相互宽慰，互相鼓励，把个人的紧张分散在集体组织中。

（3）回避法。考试时应尽量回避应考人员间的议论评价和监考人员态度、语言、表情的干扰影响，保持思路清晰，使驾驶操作水平得以充分的发挥。

2. 保持良好的心境和状态

每个应试者都应保持乐观情绪，有考试必胜的坚定信心，把驾驶员考试的负担和压力，视为一次自我表现、自我满足的机会。这种良好的心境和状态，会使应试者的精力和积极性倍增，从而提高考试的成功率；还可以使应试者在复杂的道路交通情况处理中，沉着不急躁，灵活不惊慌，很好地发挥出水平来。

3. 调节注意的范围

注意是心理活动的指向和集中。在场内与道路驾驶考试中，同时出现在“驾驶员”面前的事物是多种多样的，“驾驶员”无须同时注意所出现的一切事物，而是应调节注意的范围，使感官的指向集中在一定范围内，达到全神贯注的程度，如在道路驾驶考试中，就应把道路的交通情况、车辆运行情况清晰地印象到自己的注意范围之内，达到及时、迅速反应和正确处理各类交通情况的目的。

4. 认真做好基础动作

基础动作是规范基本功的体现，是给监考人员的第一印象，要认真做好，从而使整个考试过程的全部动作在考试要求的条件刺激下，依照已形成的习惯动作，熟练、规范、准确、连贯地再现出来。

5. 严格遵守交通法规

考试中，要以遵章守法、安全行车的驾驶为标准，严格遵守交通法规，合理控制车速，安全文明礼貌行车。行车中视野要开阔，时时处处注意留有一定应变的余地，思路清晰不乱，保证处理情况果断，措施得当。

6. 全面复习，克服麻痹思想，戒骄戒躁

注意对所考科目应全面复习，扎实掌握；既要克服“碰运气”“混混看”的麻痹思想，也应稳定情绪，戒骄戒躁，抛弃杂念，排除干扰。保持最佳的身体和精神状况，使理论答卷和实际操作水平发挥正常，保证各科目顺利通过。

五、驾考新规（图9–37）

2016年4月1日起，公安部“关于修改《机动车驾驶证申领和使用规定》的决定（公安部令第139号）”（以下简称《新规》）正式实施。《新规》特别规定，16个城市试点自学直考，开放异地考证。

1. 新规内容

（1）C1/C2驾驶证可自学直考，细化了自学车辆的装备标准。

（2）放宽了残疾人申领驾驶证的条件。

（3）《互联网交通安全综合服务管理平台》将应用，可在线提交驾照申请。

（4）开放异地考证、换证、补证。

（5）16个城市试点自学直考。

（6）实习期记满12分注销驾驶资格。

（7）境外“速成”驾照换领限制加大。

（8）单眼人士可考驾驶证。

（9）科目二、科目三可以同时预约、连续考试。

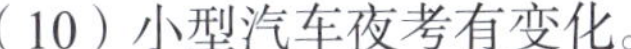

（10）小型汽车夜考有变化。

图9–37　驾考新规（AR）

2. 异地考证

参照《新规》，在原来放开小型汽车、摩托车驾驶证异地申请领证的基础上，将全面取消异地限制，全面放开所有车型驾驶证异地申请、异地考试，申请人持身份证和居住证即可在居住地申领驾驶证，实现公共服务均等化。

全面放开驾驶证异地补领、换领、审验，驾驶人持身份证即可在全国范围内办理补换证、审证业务，实现信息异地流转、业务就地办理，数据内部传递、群众一次办成，流动人员跨市跨省办证也将更加方便。

3. 16个城市试点自学直考

按照规定，天津、包头、长春、南京、宁波、马鞍山、福州、吉安、青岛、安阳、武汉、南宁、成都、黔东南、大理、宝鸡16个市（州）将试点小型汽车、小型自动挡汽车驾驶证自学直考。

自学直考要有一辆加装副刹车、辅助后视镜等装置的非营运小型汽车，并要通过机动车安全技术检验；需要持有相应或更高准驾车型五年以上的驾驶人作为随车指导人员；申请人要携带身份证、自学用车行驶证、登记证书、车主身份证、自学用车交强险凭证、自学用车加装安全辅助装置后的安全技术检验合格证明、查验表等资料，与随车指导人员一同到车管所申请学车专用标志。申请人科目一考试合格后，取得学习驾驶证明和学车专用标志，在随车指导人员的带领下按照规定的时间、路段学习驾驶，经过学习，就可以自行通过互联网进行自主约考。

4. 考驾照实施计时收费、先培训后付费的模式

交通运输部、国家工商行政管理总局制定的《机动车驾驶培训先学后付、计时收费模

式服务合同（示范文本）》通知，自2016年10月1日起，推行计时培训计时收费、先培训后付费的服务模式。

根据新规定，学驾人每次完成驾驶操作技能培训后，按预约时段学时价格支付培训费用。

在合同附件《机动车驾驶培训费用构成明细表》中，收费项目被分为五类，包含“道路驾驶训练”在内的后三项收费又细分为普通时段、高峰时段和节假日时段三类，分别标明“学时单价”。

根据《新规》，申请人科目一考试合格后，可以预约科目二或者科目三道路驾驶技能考试。有条件的地方，申请人可以同时预约科目二、科目三道路驾驶技能考试，预约成功后可以连续进行考试。

任务实施

（1）利用学校多媒体教室，下载驾考宝典，了解常规考证内容。

（2）利用课余时间到学校教练队观察科目二的驾驶情况。

（3）上网了解计时考证的内容。

练一练

一、判断题（对的打√，错的打×）

1. 1980年国务院颁布了《中华人民共和国道路交通安全法实施条例》。（　　）
2. 《中华人民共和国道路交通安全法实施条例》在法律体系上属于国家行政法，是国家行政管理法规的组成部分。（　　）
3. 交通信号是对车辆、行人发出通行或停止命令的信号。它可以合理地限制和科学地组织车流，减少相互间的干扰和妨碍，提高道路通行能力，保障安全和畅通。（　　）
4. 我国的指挥灯信号根据光学原则，采用红、橙、绿三种光色。（　　）
5. 车道灯分为绿色箭头和黄色叉形灯。（　　）
6. 交通标志是用图形、符号和文字传递特定信息，用以管理交通的安全设施。（　　）
7. 禁令标志是禁止或限制车辆、行人交通行为的标志。（　　）
8. 辅助标志是设在主标志上，对主标志起到辅助说明作用的标志。（　　）
9. 交通标线是由各种路面标线、箭头、文字、立面标记、凸起路标和路边线轮廓等所构成的交通安全设施。（　　）
10. 查询各类汽车的品牌、型号、配置、价格，一般可以通过一些比较大的门户网站来查阅，较大的门户网站都有这种关于汽车方面的专栏。（　　）

11. 科目一、科目四得分为总分的80分以上为合格。（　　）

12. 科目三：100分为满分。合格标准：大型客车90分以上，大型货车80分以上，其他机动车70分以上。（　　）

二、单项选择题

1.（　　）不准车辆、行人通行，但已越过停止线的车辆和已进入人行横道的行人，可以继续通行。

A. 红灯亮时　　B. 黄灯亮时

C. 绿灯亮时　　D. 黄灯闪烁时

2.（　　）车辆、行人须在确保安全的原则下通行。

A. 红灯亮时　　B. 黄灯亮时

C. 绿灯亮时　　D. 黄灯闪烁时

3.（　　）右手持棒举臂向右平伸，然后向左曲臂放下，准许左右两方直行车辆通行，各方右转弯的车辆在不妨碍被放行车辆通行的情况下，可以通行。

A. 直行信号　　B. 左转信号

C. 停止信号　　D. 靠边信号

4.（　　）左臂向上直伸，手掌向前，不准前方通行。右臂同时向左前方摆动时，车辆须靠边停车。

A. 直行信号　　B. 左转信号

C. 停止信号　　D. 靠边信号

5.（　　）的作用是警告车辆、行人注意危险地点。其形状为等边三角形，顶角向上，为黄底、黑边、黑图案。

A. 指示标志　　B. 警告标志

C. 禁令标志　　D. 指路标志

6.（　　）是禁止或限制车辆、行人交通行为的标志。形状为圆形（个别为倒三角形）。

A. 指示标志　　B. 警告标志

C. 禁令标志　　D. 指路标志

7.（　　）是传递道路方向、地点、距离信息的标志。

A. 指示标志　　B. 警告标志

C. 禁令标志　　D. 指路标志

8.（　　）表示在保证安全的原则下，车辆在超车或向左转弯时，可以越线行驶。线为白色或黄色虚线。

A. 中心虚线　　B. 中心单实线

C. 车道分界线　　D. 停止线

9.(　　)表示车辆等候放行信号或停车让行的停车位置。线为白色实线。

A. 中心虚线　　B. 中心单实线

C. 车道分界线　　D. 停止线

10. 车辆、行人必须遵守交通标志和交通标线的规定。遇有灯光信号、交通标志或交通标线与交通警察的指挥不一致时,须服从(　　)的指挥。

A. 交通标志　　B. 交通标线

C. 灯光信号　　D. 交通警察

11.(　　)采用考试人员与被考人同乘考试车,按照道路考试必考行为用减分方法进行评判得分。抽签决定考生是否参加夜间考试。

A. 科目一　　B. 科目二

C. 科目三　　D. 科目一和科目四

12.(　　)采用选择、判断的方法,考试时间为45 min,试卷题量为100题,考试题库全国统一。

A. 科目一　　B. 科目二

C. 科目三　　D. 科目一和科目四

三、简答题

1. 汽车驾驶员考试科目有哪些?

2. 2016年驾考有哪些新的规定?

附录　本书配套数字交互资源使用说明

针对本书配套数字资源的使用方式和资源分布，特做如下说明：

1. 用户（或读者）可持安卓移动设备（系统要求安卓4.0及以上），打开移动端扫码软件（本书仅限于手机二维码、手机qq），扫描教材封底二维码，下载安装本书配套APP，即可阅读识别、交互使用。

2. 本书“练一练”交互练习题，提供全部题目及答案和部分拓展或解析，读者可以使用配套APP扫描大题题干在线答题，自动判断答题情况。

3. 插图图题后有加“（AR）”标识的，提供视频、三维（3D）模型等数字资源，进行识别、交互。具体扫描对象（图片）位置和数字资源对应关系参见下列附表。

附表　扫描对象位置和数字资源对应关系列表

扫描对象位置	数字资源类型	数字资源名称
图1-1	视频	2005—2013年美国、欧洲、日本、韩国和中国的千人汽车保有量比较
图2-10	视频	古诺的蒸汽汽车
图2-12	视频	奥托的第一台四冲程内燃机
图2-14	视频	本茨和他的三轮汽车
图2-20	视频	第一条汽车装配流水线
图2-24	视频	“民生”牌载货汽车
图2-26	视频	2015年上海车展新能源汽车概况
图3-18	视频	中国第一汽车集团公司标志

（续表）

扫描对象位置	数字资源类型	数字资源名称
图3-19	视频	第一辆红旗牌高级轿车
图4-2	视频	凯迪拉克汽车商标
图4-18	视频	奔驰汽车商标
图5-4	视频	箱型汽车
图5-5	视频	甲壳虫型汽车
图6-6	视频	F1银石赛场
图6-7	视频	上海赛道
图6-17	视频	2016年北京车展
图6-22	视频	星辉挑战赛
图7-2	视频	世界上第一位女驾驶员
图7-6	视频	老爷车博物馆
图8-2	视频	概念车
图8-4	视频	无人驾驶汽车
图9-1	视频	交通安全
图9-37	视频	驾考新规
图2-4	数字时间轴	我国古代的车的发展简史
图2-9	数字时间轴	世界汽车发展简史
图2-23	数字时间轴	我国汽车发展简史
图5-3	数字模型	马车型汽车
图5-6	数字模型	船型汽车
图5-9	数字模型	楔型汽车
图8-1	数字模型	概念车

参考文献

[1] 郎全栋.汽车文化[M].北京：人民交通出版社,2014.

[2] 李巧玲.汽车文化[M].北京：机械工业出版社,2015.

[3] 张文华.汽车文化[M].北京：高等教育出版社,2011.

[4] 李艳菲.汽车文化与新技术[M].北京：机械工业出版社,2013.

[5] 程国华,程胜.百年汽车名人[M].北京：机械工业出版社,2007.

[6] 金曲玉,任国军.汽车文化[M].北京：机械工业出版社,2008.

[7] 林平.汽车趣谈[M].成都：四川科学技术出版社,1999.

[8] 车迷大世界编委会.1999车迷大世界[M].北京：机械工业出版社,2000.

[9] 中华人民共和国交通部.安全驾驶从这里开始[M].2版.北京：人民交通出版社,2016.

[10] [佚名].2016年全球汽车行业市场现状及发展趋势[EB/OL],2016-07-11[2017-03-06]. http://www.chyxx.com/industry/201607/429684.html.

[11] 徐蔚冰.汽车产业已经成为支柱和拉动中国经济的主导产业之一[EB/OL].中国经济时报,2016-05-13[2017-03-06].http://finance.eastmoney.com/news/1350,20160513623507955.html.

[12] 王晓易.中国汽车发展趋势论坛共话汽车新势力现象[EB/OL].北青网-北京青年报,2016-08-31[2017-03-06]. http://news.163.com/16/0831/00/BVOQKEC700014AED.html.

[13] 乔欣.外媒：2017年6大汽车科技趋势前瞻[EB/OL].环球网,2016-12-19[2017-03-06].http://news.dahe.cn/2016/12-19/107940364.html.

[14] 车尚书.预测：世界汽车工业发展的五大趋势[EB/OL].搜狐汽车，2016-01-15[2017-03-06].http://auto.sohu.com/20160115/n434680147.shtml.

[15] [佚名].北汽企业概况[EB/OL],[2017-03-06].http://www.baw.com.cn//index.php?m=content&c=index&a=lists&catid=10.

[16] [佚名].关于世界技能大赛[EB/OL]，2015-02-25[2017-03-06].世界技能大赛中国组委会官方网站.http://www.worldskillschina.cn/ssgl/content/2015-02/25/content_1043002.htm.

[17] [佚名].历届世界技能大赛概述[EB/OL].世界技能大赛中国组委会官方网站，2015-02-25[2017-03-06].http://www.worldskillschina.cn/ssgl/content/2015-02/25/content_1043033.htm.

[18] [佚名].上海国际汽车城　汽车文化　汽车博物馆[EB/OL]，[2017-03-06].http://www.at-siac.com/culture/detail_74873451906596864.html.

[19] [佚名].吉利汽车　吉利世界　吉利集团介绍[EB/OL]，[2017-03-06].http://www.geely.com/introduce/intro/index.html.

[20] 文帼.上海取消车辆环保标志新政最新消息　社保政策咨询[EB/OL]，2017-01-06[2017-03-06].http://club.autohome.com.cn/bbs/thread-a-100024-55828410-1.html.

[21] 耿源.信誉严重受损　大众“排放门”事件始末[EB/OL].汽车之家，2015-10-22[2017-03-06].http://www.autohome.com.cn/news/201510/880585.html.

[22] 刘士东.空气污染危害多！研究：黑碳增加呼吸道病原菌抗药性[EB/OL].中国日报网，2017-03-03[2017-03-06].http://www.cankaoxiaoxi.com/world/20170303/1735687.shtml.

[23] [佚名].饶斌（中国汽车工业奠基人）[EB/OL]，[2017-03-06]. http://baike.baidu.com/link?url=ILeEGg71UMOMOU9hEoI5-1z8xKwPGVL0D8rK7anjWgou8P5IzZ7g49eOXnAKOsNprS05D_fYSt6tj_5B9cecwQG0AnXISF8ahbMngiJDoei.

[24] [佚名].孟少农[EB/OL]，[2017-03-06]. http://baike.baidu.com/link?url=Vo4ZKxObo_C7ABC921Wivrk1UdSde54dNX5lwYdl-mpyFDZeErQlSu7scY7bCdScc_4Wbjh-oyi1hmuGR8O2WaVHSrwNo06jjRf7Wy4MUwPx__MQy1uucxWTmgmx23cI.